Basiswissen Sozialwirtschaft und Sozialmanagement

Reihe herausgegeben von
K. Grunwald, Stuttgart, Deutschland
L. Kolhoff, Wolfenbüttel, Deutschland

Die Lehrbuchreihe „Basiswissen Sozialwirtschaft und Sozialmanagement" dient dazu, zentrale Inhalte zum Themenfeld Sozialwirtschaft und Sozialmanagement in verständlicher, didaktisch sorgfältig aufbereiteter und kompakter Form zu vermitteln. In sich abgeschlossene, thematisch fokussierte Lehrbücher stellen die verschiedenen Themen theoretisch fundiert und kritisch reflektiert dar. Vermittelt werden sowohl Grundlagen aus relevanten wissenschaftlichen (Teil-)Disziplinen als auch methodische Zugänge zu Herausforderungen der Sozialwirtschaft im Allgemeinen und sozialwirtschaftlicher Unternehmen im Besonderen. Die Bände richten sich an Studierende und Fachkräfte der Sozialen Arbeit, der Sozialwirtschaft und des Sozialmanagements. Sie sollen nicht nur in der Lehre (insbesondere der Vor- und Nachbereitung von Seminarveranstaltungen), sondern auch in der individuellen bzw. selbstständigen Beschäftigung mit relevanten sozialwirtschaftlichen Fragestellungen eine gute Unterstützung im Lernprozess von Studierenden sowie in der Weiterbildung von Fach- und Führungskräften bieten.

Reihe herausgegeben von:
Klaus Grunwald
Duale Hochschule Baden-Württemberg
Stuttgart, Deutschland

Ludger Kolhoff
Ostfalia Hochschule für angewandte Wissenschaften
- Hochschule Braunschweig/Wolfenbüttel
Wolfenbüttel, Deutschland

Weitere Bände in der Reihe http://www.springer.com/series/15473

Herbert Schubert

Netzwerkmanagement in Kommune und Sozialwirtschaft

Eine Einführung

Herbert Schubert
Köln, Deutschland

Basiswissen Sozialwirtschaft und Sozialmanagement
ISBN 978-3-658-19060-6   ISBN 978-3-658-19061-3   (eBook)
https://doi.org/10.1007/978-3-658-19061-3

Die Deutsche Nationalbibliothek verzeichnet diese Publikation in der Deutschen National-
bibliografie; detaillierte bibliografische Daten sind im Internet über http://dnb.d-nb.de abrufbar.

Springer VS
© Springer Fachmedien Wiesbaden GmbH 2018
Das Werk einschließlich aller seiner Teile ist urheberrechtlich geschützt. Jede Verwertung, die nicht ausdrücklich vom Urheberrechtsgesetz zugelassen ist, bedarf der vorherigen Zustimmung des Verlags. Das gilt insbesondere für Vervielfältigungen, Bearbeitungen, Übersetzungen, Mikroverfilmungen und die Einspeicherung und Verarbeitung in elektronischen Systemen.
Die Wiedergabe von Gebrauchsnamen, Handelsnamen, Warenbezeichnungen usw. in diesem Werk berechtigt auch ohne besondere Kennzeichnung nicht zu der Annahme, dass solche Namen im Sinne der Warenzeichen- und Markenschutz-Gesetzgebung als frei zu betrachten wären und daher von jedermann benutzt werden dürften.
Der Verlag, die Autoren und die Herausgeber gehen davon aus, dass die Angaben und Informationen in diesem Werk zum Zeitpunkt der Veröffentlichung vollständig und korrekt sind. Weder der Verlag noch die Autoren oder die Herausgeber übernehmen, ausdrücklich oder implizit, Gewähr für den Inhalt des Werkes, etwaige Fehler oder Äußerungen. Der Verlag bleibt im Hinblick auf geografische Zuordnungen und Gebietsbezeichnungen in veröffentlichten Karten und Institutionsadressen neutral.

Gedruckt auf säurefreiem und chlorfrei gebleichtem Papier

Springer VS ist Teil von Springer Nature
Die eingetragene Gesellschaft ist Springer Fachmedien Wiesbaden GmbH
Die Anschrift der Gesellschaft ist: Abraham-Lincoln-Str. 46, 65189 Wiesbaden, Germany

Inhalt

Einführung		1
1	**Netzwerke machen – Wie geht das?**	5
	Literatur	14
2	**Grundlagen der Gestaltung und Organisation von Netzwerken**	15
2.1	Sinn von Netzwerken	18
2.2	Beispiel: Präventive Orientierungen als Sinn	20
2.3	Interorganisationale Kultur	23
2.4	Systemperspektive	24
2.5	Design von Netzwerken	29
2.6	Beispiel einer Netzwerklösung mit Network Design Thinking	34
	Literatur	45
3	**Strategien beim Aufbau organisierter Netzwerke**	49
3.1	Interessenallianz	52
3.2	Informationsnetzwerk	55
3.3	Dienstleistungsnetzwerk	57
3.4	Überbrückungsnetzwerk	61
3.5	Weiteres Fallbeispiel eines Überbrückungsnetzwerks	64
	Literatur	72
4	**Management von Netzwerken in der Sozialwirtschaft**	75
4.1	Managementmodell für die Organisation von Netzwerken	78
4.2	Stakeholderanalyse	82
4.3	Two-Mode-Netzwerkanalyse	89

4.4	Aufbauorganisation	95
4.5	Netzwerkentwicklung in Sekundär- und Primärprozessen	99
4.6	Schnittstellenmanagement	104
Literatur		111

5	**Steuerung von Netzwerken**	**115**
5.1	Heterarchische Koordination nach dem Schwarmprinzip	117
5.2	Hierarchische Steuerung nach Organisationsprinzipien	120
5.3	Kommunikation und Moderation in Netzwerken	121
5.4	Kompetenzbedarf zur Netzwerkbefähigung	123
Literatur		127

**Zusammenfassung: Gestaltung von Netzwerken
in der Sozialwirtschaft** 129

Literatur 137

Glossar 143

Zum Autor 153

Einführung

Im Laufe der vergangenen Jahrzehnte vollzog sich ein Entwicklungsprozess, in dem sich die Formen des Steuerns in der Sozialwirtschaft sukzessive von der hierarchischen Bürokratie der öffentlichen Verwaltung nach dem Zweiten Weltkrieg über die ökonomische Modernisierung nach dem Neuen Steuerungsmodell in den 1990er Jahren (New Public Management) hin zum Ansatz der New Public Governance verschoben. Der jeweilige frühere Ansatz verschwand dabei allerdings nicht, sondern blieb im Kontext des neuen in hybrider Form erhalten. In der konzeptionellen Schrittfolge von Verwaltungsroutine, ökonomisierter Steuerung und Governancelogik gewann der Netzwerkansatz zunehmend an Bedeutung, so dass heute eine ausgeprägte „Netzwerkorientierung in Kommune und Sozialwirtschaft" zu beobachten ist (vgl. Schubert 2018, S. 17 ff.). In der Folge nehmen hierarchische Führungsmuster ab und partizipatorische, interaktive Formen, die Interdependenzen der Akteure berücksichtigen, zu.

In dieser Publikation wird das Augenmerk auf die „Gestaltung von Netzwerken" gerichtet, denn die handwerklichen Aufgaben, wie Netzwerke in der Kommune und in der Sozialwirtschaft organisiert und gemanagt werden können, fanden in der Literatur bisher wenig Resonanz. Als allgemeines Lernziel kann daher formuliert werden, dass ein handlungsorientiertes Verständnis, welche Kompetenzen für das professionelle „Netzwerken" – also die gezielte Gestaltung und Organisation eines Beziehungsgefüges – gebraucht werden, vermittelt werden soll.

Im ersten Schritt muss geklärt werden, um welche Netzwerke es sich überhaupt in der Sozialwirtschaft handelt; denn im professionellen Fachdiskurs findet der Netzwerkbegriff meistens in sehr allgemeiner und undifferenzierter Form Verwendung. Folglich werden hier nicht alle Netzwerke in einen Topf geworfen, sondern die zentralen Differenzen und Besonderheiten organisierter Netzwerke in der Sozialwirtschaft aufgezeigt. Dazu werden in Kapitel 1 zwei Grundtypen von Netzwerken unterschieden: Das Alltagsleben wird von gelebten Netzwerken

(Grundtyp 1) bestimmt, worunter die natürlich geknüpften lebensweltlichen Beziehungsnetzwerke zu verstehen sind. Ihnen stehen professionell hergestellte, d. h. organisierte Netzwerke, gegenüber (Grundtyp 2), die als (proto-)professionelle Kooperationsgeflechte zielorientiert gestaltet werden. Die lebensweltlichen Netzwerke – von der Freundschaft über monetäre Tausch- und Informationsbeziehungen bis zur Verwandtschaft – entziehen sich in der Regel einer sozialtechnologischen Machbarkeit. Sie werden traditionell mit Methoden der Gemeinwesenarbeit unterstützt und gestärkt. Im ersten Kapitel wird als Kernbotschaft herausgearbeitet, dass in einem engeren Sinn nur Netzwerke im professionellen Kontext gestaltbar sind, wie das beispielsweise in der Sozialwirtschaft und darüber hinaus in der Kommune auf Grund der angestrebten Public Governance der Fall ist.

In Kapitel 2 werden einige Grundlagen der Gestaltung und Organisation von Netzwerken in der Sozialwirtschaft im Rahmen von vier Abschnitten skizziert. Die erste Grundlage besteht darin, organisierten Netzwerken einen Sinn zu verleihen. Der Sinnkern eines organisierten Netzwerks lässt sich durch die Frage ermitteln: Warum soll das Netzwerk aufgebaut und organisiert werden? Was ist der Sinn der zu generierenden oder zu aktivierenden Beziehungen? Die zweite Grundlage besteht in der systemtheoretischen Einordnung von Netzwerken. Organisierte Netzwerke bedürfen einer Außengrenze und einer Identität, die aus einem definierten Kommunikations- und Interaktionsmodus resultiert, um einen Systemzusammenhang zu repräsentieren. Weil lebensweltliche Netzwerke demgegenüber aus unabgeschlossenen Strukturen dyadischer Sozialbeziehungen bestehen, weisen sie keinen Systemcharakter auf. Als dritte Grundlage wird die Gestaltung eines organisierten Netzwerkes als Design-Aufgabe, in welcher Weise zuvor unverbundene Akteure verknüpft werden sollen, thematisiert. Denn die Gestalt der Verbindungen ist eine wesentliche Voraussetzung für die wirkungsvolle Organisation. Die Methode des Network Design Thinking bietet dafür die Iteration von Verstehen, Beobachten, Sichtweisen definieren, Ideen finden, Prototypen entwickeln und Testen an. Und sie fokussiert Netzwerklösungen, die die Bedürfnisse der Adressatinnen und Adressaten erfüllen. Die vierte Grundlage beschäftigt sich mit der Netzwerkkultur, die beim regelmäßigen Zusammentreffen zu bestimmten Anlässen – z. B. als Routinen des Umgangs miteinander und als erzählte Geschichte über das Netzwerk – entsteht.

In Kapitel 3 werden die vier Strategien der Schaffung organisierter Netzwerke betrachtet. Danach werden Netzwerke mit dem Ziel der Bündelung von Interessen, des Informationsaustausches und der Informationsübertragung, des Zusammenwirkens in einem Dienstleistungsnetzwerk oder mit dem Ziel der Überbrückung struktureller Löcher aufgebaut. Es wird das spezifische Profil der einzelnen Strategien vorgestellt. Der Austausch in Informationsnetzwerken zielt in der Sozialwirtschaft darauf, dass sich die Beteiligten gegenseitig über das bestehende

Angebots- und Aufgabenspektrum informieren. Davon wird die Interessenallianz unterschieden, in der lokale Akteure mit dem Ziel, strategische Vorteile zu erzielen, die Kompetenzen bündeln. Eine weitere Strategie der Vernetzung repräsentieren Dienstleistungs- bzw. Wertschöpfungsnetzwerke. In diesen Kooperationsgeflechten geht es um eine – am Adressaten orientierte – Verknüpfung bestehender Angebote – beispielsweise zu Dienstleistungsketten. Die vierte Strategie betrifft Überbrückungsnetzwerke, in denen vermittelnde Beziehungen genutzt werden, um strukturelle Löcher im Dienstleistungssystem und im Zugang zu den Adressaten zu überbrücken.

Die Kernaufgabe des zielführenden, strukturierenden und koordinierenden Managements eines Netzwerks wird in Kapitel 4 behandelt. In der Darstellung werden die Stufen der Orientierungsphase, der Vorbereitungsphase und der Phase der Konstituierung unterschieden. Das Netzwerkmanagement basiert dabei auf den drei Säulen (1) einer kontinuierlichen Organisation des Informationsaustausches, (2) des Netzwerkaufbaus, seines Zusammenwirkens sowie der Sicherung der Prozessabläufe und (3) einer nachhaltigen Qualitätsentwicklung. Das Informationsmanagement ist notwendig, damit die Ereignisse im Netzwerk transparent bleiben und einer Unübersichtlichkeit vorgebeugt werden kann. Die zentrale Managementsäule zur Sicherung der Prozessabläufe wird im vierten Kapitel ausführlich behandelt. Die Themen reichen von der strategischen Vorbereitung über die Planung und den Aufbau der Kooperation sowie über die Koordination der Abstimmung unter den Akteuren bis hin zur Durchführung kooperativer Maßnahmen und zur Evaluation der Vernetzung. Mit Blick auf das Qualitätsmanagement als dritte Managementsäule wird unter anderem das Handwerkszeug der Prozesskettenanalyse skizziert. Dies dient der Definition und Vereinbarung von Standards an den Schnittstellen des Austausches und der Kooperation. Besondere Beachtung findet auch die Aufbauorganisation eines organisierten Netzwerks. Dazu werden die Komponenten des Strukturnetzwerks, der darauf aufbauenden Themen- oder Handlungsnetzwerke und der Koordination dargestellt.

Im abschließenden Kapitel 5 werden die Steuerungsformen behandelt, die in der sozialwirtschaftlichen Netzwerkpraxis zur Anwendung kommen. In der Praxis kommen die Steuerungsmuster des Marktmechanismus, der hierarchischen Koordination und der heterarchischen Selbstorganisation meistens gemischt zur Anwendung. Das ist darauf zurückzuführen, dass das Zusammenwirken von Beteiligten teilweise im Rahmen eines Austausches marktgängiger Leistungen erfolgt, teilweise in Verbindung mit hierarchischen Verwaltungsstrukturen steht und teilweise frei von Markt- und Hierarchieeinflüssen gestaltet werden kann. Darüber hinaus werden Anregungen für die Koordination gegeben. Erfahrungsgemäß beinhalten monozentrische – d. h. auf einen einzigen Koordinationspunkt ausgerichtete – Organisationsmuster das Risiko einer Überforderung. Als Alternative wird ein polyzentrisches – d. h. auf mehrere Punkte verteiltes – Modell der Koordination vorgestellt, das dem heterarchischen Prinzip besser gerecht wird. Das fünfte Kapitel zielt darauf ab zu veranschaulichen, dass „nicht überall reines Netzwerk drin ist, wo Netzwerk draufsteht". Deshalb werden auch für die Personalentwicklung Hinweise, welche Netzwerkkompetenzen Führungskräfte und Mitarbeitende benötigen, um im Mix von heterarchischen und hierarchischen Steuerungsformen erfolgreich zusammenarbeiten können, gegeben.

Korrespondierende und komplementäre Literatur

Schubert, H. (2018). *Netzwerkorientierung in Kommune und Sozialwirtschaft. Eine Einführung.* Wiesbaden: Springer VS.

1 Netzwerke machen – Wie geht das?

Zusammenfassung

Prinzipiell müssen zwei Grundtypen von Netzwerken differenziert werden: Das Alltagsleben wird von gelebten Netzwerken bestimmt, worunter natürlich geknüpfte lebensweltliche Beziehungsnetzwerke zu verstehen sind. Ihn stehen professionell gemachte, d. h. organisierte Netzwerke, die den Charakter bewusst gestalteter (proto-)professioneller Kooperationsgeflechte aufweisen, gegenüber. Die lebensweltlichen Netzwerke bestehen vor allem aus Beziehungen der Freundschaft, des interpersonalen Respekts, aber auch des jeweiligen Gegenteils, aus Tauschbeziehungen in der alltäglichen Daseinsvorsorge, aus Kommunikation und Informationsaustausch sowie in der Begegnung formaler Rollenbeziehungen in den lebensweltlichen Interaktionen und aus Verwandtschaftsbeziehungen. Sie entziehen sich weitgehend der sozialtechnologischen Machbarkeit und können allenfalls mittels Methoden der Gemeinwesenarbeit unterstützt und gestärkt werden. Gestaltbar sind somit nur Netzwerke im professionellen Kontext, die beispielsweise in der Sozialwirtschaft und darüber hinaus in der Kommune organisiert werden.

Lernziel

Das erste Kapitel zielt auf die Kompetenz, trennscharf zwischen organisierten Netzwerken – vor allem in der Sozialwirtschaft und in kommunalen Zusammenhängen – auf der einen Seite und den lebensweltlichen Netzwerken der Adressatinnen und Adressaten auf der anderen Seite unterscheiden. Nach der Rezeption des Textes kann begründet werden, warum die organisierten Netzwerke in der Sozialwirtschaft darauf ausgerichtet sind, die institutionelle Zergliederung der Funktionssysteme in der Kommune – von Soziales, Jugendhilfe über Erziehung und Gesundheitswesen bis hin zur Stadtentwicklung – zu überwinden.

Im Laufe der vergangenen Jahrzehnte vollzog sich ein Entwicklungsprozess, in dem sich die Formen des Steuerns in der Sozialwirtschaft sukzessiv von der hierarchischen Bürokratie der öffentlichen Verwaltung nach dem Zweiten Weltkrieg über die ökonomische Modernisierung nach dem Neuen Steuerungsmodell in den 1990er Jahren (New Public Management) hin zum Ansatz der *Public Governance* verschoben. Der jeweilige frühere Ansatz verschwand dabei allerdings nicht, sondern blieb im Kontext des neuen in hybrider Form erhalten. In der korrespondierenden Publikation „Netzwerkorientierung in Kommune und Sozialwirtschaft" wurde bereits dargelegt, dass am Ende der Schrittfolge von Verwaltungsroutine, ökonomisierter Steuerung und Governancelogik die soziale Technologie des Netzwerks bevorzugt als Steuerungs- und Koordinierungsinstrument eingesetzt wird (vgl. Schubert 2018, S. 22 ff.). Denn die hierarchischen Führungsmuster der Verwaltungsroutine nehmen ab und stattdessen verbreiten sich partizipatorische, interaktive Formen, die die Interdependenzen der Akteure als Teilaspekt der Steuerung und Koordination berücksichtigen.

Im Grundverständnis des Netzwerks wird davon ausgegangen, dass der einzelne Mensch nicht isoliert handelt, sondern sein Handeln von der sozialen Einbettung bestimmt wird. Die *kleinste Einheit* eines Netzwerks repräsentiert die *Beziehung zwischen zwei Personen* – ein Netzwerk setzt sich quasi aus einer Vielzahl solcher Zweierbeziehungen zusammen:

> *„In der Netzwerkforschung werden komplexe Beziehungskonstellationen praktisch immer aufgelöst in Zweierbeziehungen [...]. Die formale Währung der Netzwerkforschung besteht aus Dyaden. Jede Netzwerkmatrix mit noch so komplexen Beziehungskonstellationen löst die dort vorhandenen Relationen in Dyaden auf. Insofern kann man davon sprechen, dass Beziehungen zwischen Zweien die kleinste Einheit in der Netzwerkforschung darstellen"* (Stegbauer 2016, S. 11).

Beziehungslose Ansammlungen von Menschen in einem Raum können daher auch nicht als Netzwerk bezeichnet werden – es handelt sich lediglich um ein Aggregat.

Dem traditionellen *Menschenbild* des rational, egoistisch und autonom handelnden Homo Oeconomicus wird das Modell des *Netzwerkmenschen* – Homo Dictyos – entgegengesetzt, dessen Entscheidungen von der sozialen Einbettung abhängig sind (vgl. Christakis und Fowler 2010, S. 285 f.). Dieser Involvierung liegt ein Mechanismus der Übertragung zu Grunde: jede Aktivität im Netzwerk beeinflusst sowohl die direkten Kontakte als auch die indirekten Kontakte.

Für das Grundverständnis, welche Netzwerke professionell gestaltbar sind und welche nicht, ist es notwendig, zwei *Grundtypen von Netzwerken* zu unterscheiden – es stehen sich gegenüber (vgl. Abb. 1-1):

1) *lebensweltliche Netzwerke* – d. h. natürlich geknüpfte und in persönlichen Bindungen gelebte Beziehungsnetzwerke – und
2) *organisierte Netzwerke* – d. h. gezielt gestaltete (proto-)professionelle aus (inter-)disziplinären Verbindungen bestehende Kooperationsgeflechte.

Die lebensweltlichen Netzwerke bestehen vor allem aus Beziehungen der Freundschaft, des interpersonalen Respekts, aber auch des jeweiligen Gegenteils, aus Tauschbeziehungen in der alltäglichen Daseinsvorsorge, aus Kommunikation und Informationsaustausch sowie in der Begegnung formaler Rollenbeziehungen in den lebensweltlichen Interaktionen und aus Verwandtschaftsbeziehungen (vgl. Haas und Malang 2010, S. 91 f.).

In den organisierten Netzwerken finden die Transaktionen von materiellen Ressourcen und der Transfer von nicht-materiellen Ressourcen wie Informationen, Ratschlägen, Anweisungen und Neuigkeiten in Kommunikation nach einem konzeptionellen Plan statt. Und die formalen Rollenbeziehungen sind eingebettet

Abbildung 1-1 Lebensweltliche und organisierte Netzwerke als Grundtypen

Lebensweltliche Netzwerke			Organisierte Netzwerke	
Sozialkapital: soziale Ressourcen			Sozialkapital: Fachliche Ressourcen	
Natürlich gewachsen in persönlichen Beziehungen			Gestaltet über professionelle Kooperation	
Nicht formalisiert	Gering formalisiert	Stark formalisiert	Gemeinnützige Kooperation	Marktkooperation
Enge Nahbeziehungen	Kleine Netze	große Netze mit Themenfokus	Interinstitutionell	Unternehmensnetz
z. B. Familie Verwandte Freund*innen	z. B. Selbsthilfekreis Nachbarnetz Freizeitclique	z. B. Verein, Partei Organsation	z. B. Governancenetz der öffentl. Hände u. subsidiären Träger	z. B. Produktionsnetz der Mobilwirtschaft Händlerverbund

Stärkung des persönlichen Sozialkapitals – Zugänge zu lokalen sozialen Ressourcen

Bündelung professionellen Sozialkapitals – Zugänge zu institutionellen Ressourcen

Anschlussfähigkeit der professionellen Strukturen an die lokalen Potenziale

Eigene Darstellung

in strategisch-zielgerichtete Interaktionen. Bei der Erklärung der *Netzwerkeffekte* wird in der Regel Bezug auf die *Theorie des Sozialkapitals* genommen: Bei den lebensweltlichen Netzwerken steht überwiegend das auf dichten Verflechtungen und starken Beziehungen basierende Bonding Capital im Blickpunkt und bei den organisierten Netzwerken eher das auf schwachen Beziehungen und strukturellen Löchern beruhende Bridging Capital (vgl. Wald 2010, S. 631).

Das professionelle Handlungssystem der Sozialwirtschaft ist einerseits in Netzwerke der lokalen Politikverflechtung eingebunden und organisiert andererseits beispielsweise Netzwerke in der Gestalt von Informationsbörsen, in der Gestalt von strategischen Allianzen unter Dienstleistern, um Marktvorteile zu erzielen, oder auch in der Gestalt von Wertschöpfungspartnerschaften in abgestimmten Dienstleistungsketten (vgl. z. B. Landesvereinigung für Gesundheit & Akademie für Sozialmedizin Niedersachsen 2013, S. 25 ff.).

Aus der Perspektive der Adressatinnen und Adressaten spielen die persönlichen Netzwerke, die alltäglich zwischen den Menschen an lebensweltlichen Orten geknüpft werden, eine stärkere Rolle. Denn in diesen Beziehungskreisen wird die individuelle Wohlfahrt im Rahmen privater Sorge sichergestellt. Die organisierten Netzwerke der Sozialwirtschaft müssen an diesen informellen Leistungsbereich der lebensweltlichen Netzwerke im Sozialraum allerdings anschlussfähig sein, wenn ein Bedarf festgestellt wird, der in der informellen Sorge des Personenhaushalts nicht gedeckt werden kann.

Der Vorzug sozial organisierter Netzwerke wird in der Kommune im Allgemeinen und in der Sozialwirtschaft im Besonderen vor allem in ihrer Eignung gesehen, die *institutionelle Zergliederung der Funktionssysteme* in der Kommune – wie zum Beispiel Soziales, Jugendhilfe, Erziehung und Gesundheitswesen – zu überwinden, weil die professionellen Akteure in den Teilsystemen relativ isoliert agieren. Diese Funktionssysteme sind in *Leistungsrollen* (wie zum Beispiel Dienstleistungserbringer) und *Publikumsrollen* (etwa Adressaten als Dienstleistungsempfänger) differenziert. „Die Orientierung an der Funktion sorgt für die Einheit eines (Funktions-)Systems. Zugleich ist die Grenze des Systems dann dort zu finden, wo Handlungen oder Kommunikationen nicht mehr an der Funktion orientiert sind" (Fuhse 2009, S. 70 ff.).

Mit dem Netzwerkansatz wird in der Sozialwirtschaft beabsichtigt, in den Sozialräumen Brücken zwischen diesen fragmentierten Strukturen zu bauen, indem das professionelle Handeln über eine vernetzte Vorgehensweise ganzheitlich an den Bedürfnissen der Adressaten ausgerichtet wird. Organisierte Netzwerke versprechen damit sowohl eine gesteigerte Wirtschaftlichkeit als auch eine höherwertige Produktqualität, was den Anforderungen des Public Management entspricht. Unter der weiterführenden Governance-Perspektive bündeln die beteiligten Akteure ihre Ressourcen, verknüpfen ihre Kapazitäten komplementär und können so das Leistungsspektrum erweitern, ohne die Selbständigkeit zu verlieren. Insgesamt verspricht der Netzwerkansatz den Wechsel von einem versäulten zu einem *flexiblen kooperativen Handlungssystem*.

Ein gutes *Beispiel* sind die *Netzwerke Frühe Hilfen* nach dem Bundeskinderschutzgesetz. Die Angebote und Dienstleistungen für Familien sind durch die Abgrenzung funktionaler Zuständigkeiten und durch Barrieren des Ressortdenkens unübersichtlich zergliedert: Die „Säulen" der Jugendhilfe, der Sozialhilfe, des Gesundheitswesens und des Bildungsbereichs, um nur einige wichtige Felder zu nennen, schotten sich rechtlich (Sozialgesetzbücher), organisatorisch (getrennte Fachbereiche) und fachlich (Eigenlogik der Professionen) untereinander ab. Während die Familie die Aktivitäten der Jugendhilfe, im Gesundheitsbereich, der sozialen Dienste und der Bildungseinrichtungen in der Förderung ihres Kindes als einen Zusammenhang wahrnimmt, gibt es unter den Fachkräften über die Ressortgrenzen hinweg kaum einen Austausch, sondern eher eine Abgrenzung durch Betonung fachlicher Eigenheiten und Unterschiede. Gemeinsame Schnittstellen werden daher kaum wahrgenommen und Übergänge zwischen den „Säulen" werden nicht aus der Perspektive des Kindes oder der Eltern, sondern allenfalls aus einem institutionellen Blickwinkel gestaltet. Wegen der fehlenden Transparenz und der Zergliederung von Fachperspektiven handeln die Professionellen der verschiedenen Ressorts relativ isoliert voneinander – quasi auf „operativen Inseln". Eine wirksame frühe Förderung von Kindern und eine begleitende Unterstützung ihrer Eltern ist aber nur möglich, wenn die Angebote und Leistungen der verschiedenen Handlungsfelder – je nach Bedarf – koordiniert „im Paket" erbracht werden. In den Netzwerken Frühe Hilfen werden deshalb professionelle Ressourcen und fachliche Aktivitäten neu miteinander kombiniert und ressortübergreifend koordiniert – die öffentlichen werden mit freigemeinnützigen und privaten Trägern der Sozial- und Gesundheitswirtschaft sowie mit zivilgesellschaftlichen Kräften (z. B. Ehrenamtliche und Freiwillige) über die Ressortgrenzen von Jugendhilfe, Sozialhilfe, Gesundheitswesen und Bildungsbereich hinweg verbunden.

Allerdings eignet sich die Kooperationsform des Netzwerks lediglich in den Fällen, bei komplexe Problemstellungen von Adressatinnen und Adressaten sowie ihren Angehörigen, die nur in Zusammenarbeit von Einrichtungen und Diensten der verschiedenen Hilfesysteme zu lösen sind. Das komplexe institutionelle Arrangement von Einrichtungen, Diensten und Organisationen – teilweise über mehrere fachliche Felder – ist notwendig, um Adressatinnen und Adressaten in spezifischen Bedarfskonstellationen umfassend zu fördern, um die Erreichbarkeit der Dienstleistungen für schwer erreichbare Gruppen zu verbessern oder auch um Kompetenzen gezielt zu entwickeln.

Im Umkehrschluss lassen sich die *Grenzen des Netzwerkansatzes* aufzeigen. Wenn es nur um einzelne, fachlich begründete Leistungen geht, ist das Modell des

Netzwerks überdimensioniert. Dann sind weiterhin Marktlösungen oder die autonome Leistungserbringung durch eine Einzelorganisation der effizientere Weg. Daher muss bei der Analyse der Ausgangssituation überprüft werden, für welche komplexen Problemlagen von Adressatinnen und Adressaten integrierte Angebote im Rahmen eines Netzwerks erarbeitet werden sollen und welcher Bedarf auf den herkömmlichen Wegen gedeckt werden kann.

Unter einem *systemischen Blickwinkel* sind weniger die professionellen Fachkräfte relevant, sondern vielmehr die in der Netzstruktur – über die neu konstruierten Kooperationsbeziehungen – ablaufenden *ressortübergreifenden Kommunikations- und Interaktionsprozesse*. So betrachtet stellen organisierte Netzwerke neue „Kontaktsysteme" dar, durch die der erweiterte Personenkreis – zum Beispiel Akteure unterschiedlicher Ressorts der kommunalen Verwaltung, der Wohlfahrtsverbände und anderer Dienstleistungsanbieter – über die fachlichen Grenzen hinaus regelmäßig zusammentrifft und dabei untereinander in eine wechselseitige Abhängigkeit gerät (vgl. Holzer 2010, S. 101 f.).

Insofern fungieren nicht die Akteure, sondern die *Beziehungen als Elemente des Netzwerkes*. Für das Wie des Netzwerkmanagements ist hervorzuheben, dass ein Netzwerk aus Beziehungen zwischen Akteuren besteht und nicht auf die Akteure reduziert werden kann (vgl. ebd., S. 113). Das fängt bei der Generierung von Beziehungen zwischen zwei Akteuren als kleinste Einheit des Netzwerks – den sogenannten Dyaden – an und reicht bis zu den netzförmigen Beziehungskonstellationen, die aus mehreren Dyaden gebildet werden (vgl. Stegbauer 2016, S. 13 f.). Dazu gehört auch der *Prozess regelmäßiger Interaktionen an vereinbarten Orten des Aufeinandertreffens*, in dem sich die Mikrokultur des Netzwerks entwickelt (vgl. Hepp 2010). Unter der Perspektive organisierter Netzwerkinterventionen geht es darüber hinaus darum, voneinander isolierte Cluster innerhalb eines Gesamtnetzwerkes über schwache Beziehungen als Brücken zu verbinden. Die wichtigste Eigenschaft solcher *Brückenbeziehungen,* die ein strukturelles Loch zwischen Untergruppen – wie zum Beispiel verschiedene Fachressorts – schließen können, ist nicht der Grad ihrer Stärke, sondern ihre Einmaligkeit bzw. die nicht vorhandene Redundanz (vgl. Avenarius 2010, S. 105).

Dabei spielt auch die *Feldtheorie* eine Rolle: Denn die beteiligten Akteure erhalten ihre Rolle bzw. ihre Identität nicht erst in der konkreten Verflechtung im Netzwerk untereinander, sondern bereits in *institutionell vorgeformten Erwartungen des Feldes*. „Das bedeutet, dass sich die Rollenbeziehungen zwischen diesen Akteuren nicht erst aus deren Interaktionsprozessen ergeben, sondern von einem vorgängig existierenden Rahmengefüge abgeleitet sind" (Fuhse 2009, S. 57). Feldtheoretisch bestimmen also nicht allein die Beziehungen der Akteure als Kernelemente das organisierte Netzwerk, sondern auch die Struktur des Feldes hat Einfluss. Ein *Beispiel* ist das *Feld der Sozialwirtschaft,* in dem sich die beteiligten

Organisationen – wie zum Beispiel Kommunen, Träger der Wohlfahrtspflege, privat-gewerbliche Träger und zivilgesellschaftliche Initiativen – in historisch gewachsenen Austausch- oder Konkurrenzbeziehungen mit traditionellen Rollenzuschreibungen befinden. In dieser sozialen Differenzierung der beteiligten Akteure spiegelt sich die Struktur eines Feldes – gegenwärtig als Dreiklang von öffentlicher Verwaltung, ökonomisierter Steuerung und Public Governance – wider. Das Feld zeichnet sich dabei einerseits durch eine relative Schließung gegenüber der Außenwelt mit einer internen Regelstruktur aus, was Netzwerkverbindungen in die Umwelt erschwert. Andererseits beobachten sich die Akteure des Feldes untereinander und observieren kontinuierlich die spezifischen „Allianz- und Dominanzkonstellationen" in dem Feld:

„Die Grundannahme ist, dass die erhöhte Interaktionsdichte in einem Feld bestimmte kulturelle Sichtweisen hervorbringt, in denen sich das Feld von seiner Umwelt unterscheidet. Dies bedeutet, dass die Grenzen von Feldern sowohl auf der Netzwerkebene (Interaktionsdichte) als auch kulturell (Glaubenssystem) zu identifizieren sind" (ebd., S. 62).

Die wichtigsten Aspekte:
1) Die Formen des Steuerns in der Sozialwirtschaft haben sich seit einigen Jahrzehnten sukzessiv von der hierarchischen Bürokratie der öffentlichen Verwaltung über die Neue Steuerung hin zum Ansatz der Public Governance verändert. Unter der Governancelogik werden Netzwerke bevorzugt als Steuerungs- und Koordinierungsinstrument in der Kommune und in der Sozialwirtschaft eingesetzt.
2) Die kleinste Einheit bildet die Beziehung zwischen zwei Personen; d.h. das Netzwerk setzt sich aus einer Vielzahl solcher Dyaden zusammen. Beziehungslose Ansammlungen von Menschen sind daher kein Netzwerk, sondern ein Aggregat. Ein Netzwerk besteht folglich aus den Beziehungen zwischen Akteuren und kann nicht auf die Akteure reduziert werden.
3) Dem Menschenbild des rational, egoistisch und autonom handelnden Homo Oeconomicus in der Logik des Public Managements steht das Bild des Netzwerkmenschen – Homo Dictyos – in der Governancelogik gegenüber. Danach sind die Entscheidungen des Individuums von seiner sozialen Einbettung abhängig.
4) Für das Grundverständnis der Netzwerkarbeit werden zwei Grundtypen von Netzwerken unterschieden: (1) lebensweltliche Netzwerke als natürlich geknüpfte und in persönlichen Bindungen gelebte Beziehungsfigurationen und (2) organisierte Netzwerke als gestaltete (inter-)disziplinäre Kooperationsgeflechte.

5) Nach der Theorie des Sozialkapitals basieren lebensweltliche Netzwerke überwiegend auf dem Bonding Capital starker Beziehungen organisierte Netzwerke das auf dem Bridging Capital schwacher Beziehungen.

6) Das professionelle Handlungssystem der Sozialwirtschaft ist einerseits in Netzwerke der lokalen Politikverflechtung eingebunden und organisiert andererseits beispielsweise Netzwerke in der Gestalt von Informationsbörsen, in der Gestalt von strategischen Allianzen unter Dienstleistern, um Marktvorteile zu erzielen, oder auch in der Gestalt von Wertschöpfungspartnerschaften in abgestimmten Dienstleistungsketten.

7) In den persönlichen lebensweltlichen Netzwerken der Adressatinnen und Adressaten wird die individuelle Wohlfahrt im Rahmen privater Sorge sichergestellt. Die organisierten Netzwerke der Sozialwirtschaft müssen an diesen informellen Leistungsbereich anschlussfähig sein, wenn ein Bedarf besteht, der in der informellen Sorge nicht gedeckt werden kann. Gestaltbar nach den Kriterien des Managements sind nur die organisierten Netzwerke im professionellen Kontext.

8) Die besondere Eignung organisierter Netzwerke wird sowohl in der Kommune als auch in der Sozialwirtschaft darin gesehen, die institutionelle Zergliederung der Funktionssysteme – von der Jugendhilfe über das Erziehungswesen und das Soziale bis hin zum Gesundheitswesen – zu überwinden. Es wird beabsichtigt, Brücken zwischen diesen fragmentierten Strukturen zu bauen.

9) Die Mikrokultur des Netzwerks entwickelt sich im Prozess regelmäßiger Interaktionen an vereinbarten Orten des Aufeinandertreffens.

10) Unter der Perspektive der Feldtheorie erhalten die beteiligten Akteure ihre Rolle bzw. ihre Identität nicht erst in der konkreten Verflechtung im Netzwerk, sondern bereits in institutionell vorgeformten Erwartungen des Feldes. Somit hat auch die Struktur des Feldes einen Einfluss.

11) Im Feld der Sozialwirtschaft spiegeln die historisch gewachsenen Austausch- oder Konkurrenzbeziehungen zwischen Kommune, Trägern der Wohlfahrtspflege, privat-gewerblichen Trägern und zivilgesellschaftlichen Initiativen die interne Regelstruktur, was Netzwerkverbindungen untereinander und in die Umwelt erschweren kann.

Literaturempfehlungen zur Vertiefung

Für die vertiefte Auseinandersetzung mit dem veränderten Menschenbild der Netzwerklogik und mit der Grundunterscheidung von lebensweltlichen sowie organisierten Netzwerken folgen hier ein paar Literaturempfehlungen.

Christakis, N. A., & Fowler, J. H. (2010). *Connected! Die Macht sozialer Netzwerke und warum Glück ansteckend ist*. Frankfurt am Main: Fischer.
Schubert, H. (2018). *Netzwerkorientierung in Kommune und Sozialwirtschaft. Eine Einführung*. Wiesbaden: Springer VS.
Schubert, H. (2010). Neue Arrangements der Wohlfahrtsproduktion – am Beispiel der Organisation von Netzwerken früher Förderung. In W. R. Wendt (Hrsg.), *Wohlfahrtsarrangements. Neue Wege in der Sozialwirtschaft* (S. 53–86). Baden Baden: Nomos Verlag.
Schubert, H. (2008a). Netzwerkkooperation. Organisation und Koordination von professionellen Vernetzungen. In H. Schubert (Hrsg.), *Netzwerkmanagement. Koordination von professionellen Vernetzungen. Grundlagen und Praxisbeispiele* (S. 7–105). Wiesbaden: VS Verlag für Sozialwissenschaften.

Anregungen für praxisbezogene Reflexionen

Führen Sie ein Gedankenspiel durch: Sie laden alle Träger sozialer Dienstleistungen aus Ihrem Heimatort in einen Saal im Rathaus ein. Reflektieren Sie, warum es sich bei dieser Versammlung nicht um ein Netzwerk handelt. Denken Sie darüber nach, was unternommen werden muss, damit unter den Eingeladenen ein Netzwerk entstehen kann.

Setzen Sie sich mit dem Menschenbild des Homo Dictyos als Netzwerkmenschen auseinander: Überprüfen Sie aus Ihrer Alltagserfahrung, ob Ihre Entscheidungen oder die Entscheidungen Ihrer Freunde und Bekannten von der sozialen Einbettung beeinflusst worden sind oder ob das Menschenbild des autonom und unbeeinflusst entscheidenden Homo Oeconomicus passender ist.

Vergleichen Sie lebensweltliche Netzwerke in Ihrem Umfeld mit organisierten Netzwerken in Ihrem Heimatort oder in Ihrer Heimatregion. Was kennzeichnet die Unterschiede?

Literatur

Avenarius, C. (2010). Knoten im Netzwerk. In C. Stegbauer & R. Häußling (Hrsg.), *Handbuch Netzwerkforschung* (S. 124–134). Wiesbaden: VS Verlag für Sozialwissenschaften.

Christakis, N. A., & Fowler, J. H. (2010). *Connected! Die Macht sozialer Netzwerke und warum Glück ansteckend ist.* Frankfurt am Main: Fischer.

Fuhse, J. (2009). Lässt sich die Netzwerkforschung besser mit der Feldtheorie oder der Systemtheorie verknüpfen? In R. Häußling (Hrsg.), *Grenzen von Netzwerken* (S. 54–80). Wiesbaden: VS Verlag für Sozialwissenschaften.

Haas J., & Malang, T. (2010). Beziehungen und Kanten. In C. Stegbauer & R. Häußling (Hrsg.), *Handbuch Netzwerkforschung* (S. 88–98). Wiesbaden: VS Verlag für Sozialwissenschaften.

Hepp, A. (2010). Netzwerk und Kultur. In C. Stegbauer & R. Häußling (Hrsg.), *Handbuch Netzwerkforschung* (S. 226–234). Wiesbaden: VS Verlag für Sozialwissenschaften.

Holzer, B. (2010). Von der Beziehung zum System – und zurück? Relationale Soziologie und Systemtheorie. In J. Fuhse & S. Mützel (Hrsg.), *Relationale Soziologie. Zur kulturellen Wende der Netzwerkforschung* (S. 96–116). Wiesbaden: VS Verlag für Sozialwissenschaften.

Landesvereinigung für Gesundheit & Akademie für Sozialmedizin Niedersachsen e. V. (2013). *Werkbuch Präventionskette. Herausforderungen und Chancen beim Aufbau von Präventionsketten in Kommunen.* http://www.bzga.de/?sid=1144 (Zugegriffen: 19. 01. 2017).

Schubert, H. (Hrsg.) (2008). *Netzwerkmanagement: Koordination von professionellen Vernetzungen – Grundlagen und Praxisbeispiele.* Wiesbaden: VS Verlag für Sozialwissenschaften.

Schubert, H. (2008a). Netzwerkkooperation. Organisation und Koordination von professionellen Vernetzungen. In H. Schubert (Hrsg.), *Netzwerkmanagement. Koordination von professionellen Vernetzungen. Grundlagen und Praxisbeispiele* (S. 7–105). Wiesbaden: VS Verlag für Sozialwissenschaften.

Schubert, H. (2010). Neue Arrangements der Wohlfahrtsproduktion – am Beispiel der Organisation von Netzwerken früher Förderung. In W. R. Wendt (Hrsg.), *Wohlfahrtsarrangements. Neue Wege in der Sozialwirtschaft* (S. 53–86). Baden Baden: Nomos Verlag.

Schubert, H. (2018). *Netzwerkorientierung in Kommune und Sozialwirtschaft. Eine Einführung.* Wiesbaden: Springer VS.

Stegbauer, C. (2016). *Grundlagen der Netzwerkforschung. Situation, Mikronetzwerke und Kultur.* Wiesbaden: Springer VS.

Wald, A. (2010). Netzwerkansätze in der Managementforschung. In C. Stegbauer & R. Häußling (Hrsg.), *Handbuch Netzwerkforschung* (S. 627–634). Wiesbaden: VS Verlag für Sozialwissenschaften.

Grundlagen der Gestaltung und Organisation von Netzwerken

2

> **Zusammenfassung**
>
> Im Folgenden werden die Grundlagen des Netzwerkmanagements in der Sozialwirtschaft im Rahmen von vier Abschnitten dargestellt: Zuerst wird der Sinn von organisierten Netzwerken thematisiert. Dann wird die Netzwerkkultur betrachtet, die im interorganisationalen Austausch entsteht. Drittens werden Netzwerke systemtheoretisch eingeordnet. Und abschließend folgt ein Blick auf das Design, also den Entwurf der Gestalt des Netzwerkes als Voraussetzung für eine wirkungsvolle Organisation. Das Netzwerkmanagement bezieht sich nur auf organisierte Netzwerke, die in der Sozialwirtschaft auf einem Sinn beruhen, einen Systemzusammenhang bilden, als Organisationsstruktur in einem spezifischen Design gestaltet sind und im Rahmen einer Netzwerkkultur stattfinden. Der Sinnkern eines organisierten Netzwerks wird von der Frage bestimmt: Warum soll das Netzwerk aufgebaut und organisiert werden? Was ist der Sinn der zu generierenden Beziehungen? Die Beteiligten eines organisierten Netzwerks treffen zu bestimmten Anlässen zusammen und entwickeln Routinen des Umgangs miteinander: Durch dieses kontinuierliche Zusammenwirken wird eine gemeinsame Kultur ausgebildet. Sie wird durch die Interaktion und das direkte Erleben in den Situationen und Ereignissen des Netzwerks übertragen. Eine wichtige kulturelle Rolle spielt das Narrativ der erzählten Geschichte über das Netzwerk, das durch Kommunikation innerhalb und außerhalb des Netzwerks vermittelt wird. Die Gestaltung eines organisierten Netzwerkes beinhaltet die Design-Aufgabe, in welcher Weise zuvor unverbundene Akteure verbunden werden sollen. Besonders eignet sich die – aus dem „Design Thinking" abgeleitete – Methode des Network Design Thinking. In der Iteration von Verstehen, Beobachten, Sichtweisen definieren, Ideen finden, Prototypen entwickeln und Testen schälen sich Netzwerklösun-

gen heraus, die aus der Perspektive der Adressatinnen und Adressaten Sinn machen, wenn deren Bedürfnisse erfüllt werden.

Lernziel

Das zweite Kapitel soll in die Lage versetzen, den Sinnkern eines organisierten Netzwerks mit leitenden Fragestellungen zu entschlüsseln und den Systemcharakter zu erfassen. Die Gestaltung eines organisierten Netzwerkes wird als Design-Aufgabe in mehreren Schritten dargestellt, damit der Ablauf für eigene Netzwerkplanungen nachvollziehbar und anwendbar wird. Es soll auch ein Verständnis vermittelt werden, wie sich in einem organisierten Netzwerk der Zusammenhang von Routinen des Umgangs miteinander und der Herausbildung einer gemeinsamen Netzwerkkultur erfassen und nutzen lässt.

Eine Organisation von Netzwerken findet zwar auch in der lebensweltlichen Sphäre statt – wenn etwa Frauen in Verwandtschaftsnetzwerken anlassbezogene Treffen wie Geburtstagsfeiern untereinander vorbereiten und vereinbaren, aber als *systematische Kooperationsform* ist es eine *Erfindung der Erwerbswirtschaft*. Manuel Castells hat diesen Wandlungsprozess als „organisatorische Evolution" bezeichnet und die Facetten von organisierten Netzwerken im Wirtschaftsleben folgendermaßen beschrieben (vgl. Castells 2001, S. 176 ff.):

1) Die Massenproduktion wurde in der zweiten Hälfte des 20. Jahrhunderts zu einer flexiblen Fertigung transformiert – einerseits in Form „flexibler Spezialisierung", bei der sich die Produktion den ständig verändernden Bedingungen anpasst, und andererseits in Form einer „dynamischen Flexibilität", bei der eine hochvolumige Produktion kleinteilig an eine Vielzahl unterschiedlicher Kundenwünsche angepasst werden kann.

2) Die Organisationsformen kleiner und mittlerer Unternehmen passten sich an das flexible Fertigungssystem an, gerieten als Zulieferer in den Netzwerken aber zunehmend auch unter die Kontrolle von großen Fokalunternehmen (z. B. in der Automobilindustrie).

3) Im Rahmen dieses Prozesses wandelten sich die Managementmethoden in Richtung des so genannten Toyotismus: Dabei wird die interne Unternehmensorganisation umgestellt, indem eine Verlagerung von vertikalen Bürokratien zu einer horizontalen Organisation um Prozesse herum stattfindet. Die Unternehmen wurden dabei zu flexiblen Produktionssystemen umgebaut, indem der Organisationsaufbau vertikal desintegriert und stattdessen die Entscheidungsautonomie horizontal dezentralisiert wurde. Beispiele solcher

neuen Elemente der Organisationsarchitektur sind: das Just-in-Time-Lagersystem, eine Null-Fehler-Produktionskontrolle, eine optimierte Ressourcennutzung durch das netzförmige Zusammenwirken, die Einsparung von Kosten durch eine flache Hierarchie, die dezentrale Verantwortung im Teamwork und die Leistungsmessung über die Kundenzufriedenheit.

Organisationsintern führte dieser *Umbau* zu selbstorganisierten Arbeitsgruppen in flachen Hierarchien, die für ein spezifisches Teilergebnis oder ein Modul des Arbeitsprozesses verantwortlich sind. *Interorganisational* resultierten daraus *Netzwerke als Verbundformen*, bei denen die Stärken und Ressourcen zwischen Unternehmen zur Erlangung eines Wettbewerbsvorteils verknüpft wurden (vgl. Nadler, Gerstein und Shaw 1992, S. 5–8). Beim Endproduzenten als zentrales Fokalunternehmen werden die dezentral verantworteten Module zum Gesamtprodukt integriert. Die netzwerkförmig durchgeführte Produktion wurde zur eigentlichen operativen Einheit, der sich die einzelnen beteiligten Unternehmen – verbunden durch gemeinsame Wertorientierungen, Technologien, Finanzressourcen, Betriebsführungsstile u. ä. – unterordnen (vgl. Windeler 2001, S. 33 ff.). Die Grenzen, die die einzelnen Organisationen definiert haben, werden durch die Flexibilität unscharf und verlieren an Klarheit (fuzzy boundaries).

Der Aufbau und die Organisation von Kooperationen in Netzwerkform repräsentieren ein relativ neues Organisations-Design (vgl. Mintzberg, Ahlstrand und Lampel 1999, S. 22 ff.). Notwendig wurde die Entwicklung von *Design-Methoden und -Instrumenten eines geeigneten Managements*. Für die Erwerbswirtschaft wurden die Aufgaben folgendermaßen definiert: Es müssen geeignete Kooperationspartner gefunden werden und deren unterschiedliche Interessen und Erwartungshaltungen müssen in einem Aushandlungsprozess integriert werden. Gemeinsam sind im Netzwerk geeignete Arbeitsformen und spezielle Arbeitsmethoden zu entwickeln und eine Kooperationsinfrastruktur aufzubauen. Dabei werden auch die Regeln des Kooperationsprozesses definiert und im Rahmen von Kooperationsvereinbarungen festgehalten. Aus Gründen der Nachhaltigkeit werden kontinuierlich begleitende vertrauensbildende und vertrauensfestigende Maßnahmen durchgeführt (vgl. Becker et al. 2007, S. 5).

In der konkurrenzbasierten Erwerbswirtschaft müssen die beteiligten Akteure über ausreichende Informations- und Kontrollmöglichkeiten verfügen, damit beispielsweise ein ungewollter Abfluss von Wettbewerbsvorteilen und Kernkompetenzen, die die Produktentwicklung, Verfahren oder Rezepturen betreffen, aus einzelnen Organisationen verhindert werden kann (vgl. Kraege 1997, S. 84 f.). In den oft von einem dominanten Fokalunternehmen gesteuerten Netzwerken der Erwerbswirtschaft verläuft die Koordinations- und Kooperationsrichtung außerdem eher vertikal, d. h. es handelt sich um Netzwerke, die sternförmig und vertraglich abhängig organisiert sind. Das Netzwerkmanagement umfasst hierarchische Lieferbeziehungen und Systempartnerschaften, die fokal koordiniert und kontrolliert werden. Der zwischenbetriebliche Technologietransfer erfordert die Setzung gemeinsamer Standards, um die Fertigung und Weiterentwicklung hochkomplexer Produkte – insbesondere von den Qualitätsanforderungen her – zu bewältigen. Als Medien des Netzwerkmanagements kommen dann überwiegend rechtliche und fachliche Steuerungsinstrumente zum Einsatz, weniger interpersonell-persuasive (vgl. Howaldt et al. 2001, S. 4 ff.).

Diese Muster des Netzwerkmanagements in der Erwerbswirtschaft können nicht eins zu eins in die *Sozialwirtschaft* übertragen werden. Während die Globalisierung von Märkten und Ressourcen sowie der kontinuierliche technologische Wandel die Unternehmen der Erwerbswirtschaft zu kooperativen Netzwerken geführt hat, geht es in der Sozialwirtschaft eher um sozialräumliche Strategien, durch horizontale Kooperation den *Adressatennutzen* zu erhöhen. Der Austausch in organisierten Netzwerken der Sozialwirtschaft bietet der einzelnen beteiligten Institution Verbundvorteile; denn die Transaktionskosten werden gesenkt, der Innovationsaustausch gefördert und Outcome sowie Impact bei den Adressatinnen und Adressaten gesteigert.

Vor diesem Hintergrund werden im Folgenden die *Grundlagen des Netzwerkmanagements in der Sozialwirtschaft* im Rahmen von vier Abschnitten dargestellt: Zuerst wird der *Sinn von organisierten Netzwerken* thematisiert. Als zweites die *Netzwerkkultur* betrachtet, die im interorganisationalen Austausch entsteht – auch dieser Aspekt ist ein Bestandteil des Netzwerkmanagements. Anschließend wird im dritten Abschnitt das *Systemverständnis organisierter Netzwerke* erläutert. Am Schluss folgt ein Blick auf das Design, also den *Entwurf der Gestalt des Netzwerkes* als Voraussetzung für eine wirkungsvolle Organisation.

2.1 Sinn von Netzwerken

Im Regelungsgefüge eines organisierten Netzwerkes spiegelt sich auch die Definition seines Sinns. Das Management muss dafür sorgen, dass das Netzwerk als Institution eine ordnende Kraft erhält, die dem interorganisationalen Handeln der Akteure einen Sinn verleiht. In der Anfangsphase muss das Management auf die *Herausarbeitung eines Sinnkerns* des Netzwerks fokussiert werden. Warum das Netzwerk aufgebaut und organisiert werden soll, lautet die zentrale Sinnfrage. Das geht weit über die Formulierung von Handlungszielen hinaus – bevor Ziele mit einem Zeithorizont gesteckt werden, muss der Sinn definiert sein. Durch den Austausch zwischen den Akteuren werden Antworten formuliert, die einen sinngebenden Kontext bilden, so dass alle Beteiligten die Anschlüsse an die jeweiligen

Handlungen der anderen verstehen und in einen Sinnzusammenhang einordnen können.

„Die ‚Definition' der Situation [...] ist der Kern der Bedeutung des ‚Sinns' [...]. Die Festlegung des Sinns geschieht dabei in mehrfacher Hinsicht. Erstens wird damit der soziale Sinn festgelegt – die für die jeweilige Situation kollektiv ‚geltenden' Oberziele, Codierungen und Regeln. Jedes ‚sinnhafte' oder ‚sinnvolle' Handeln muss sich an diese Vorgaben halten; die anderen Akteure würden es sonst nicht ‚verstehen'" (Esser 2001, S. 3).

Als soziale Institutionen repräsentieren Netzwerke „Phänomene geregelter Kooperation" (vgl. Gukenbiehl 1995, S. 96) und verfestigen sich bei den Handelnden als „stereotype Modelle von Verhaltensfiguren" (vgl. Gehlen 1961, S. 70). Anthropologisch nahm der Vorgang der Arbeitsteilung den Charakter einer sozialen Institution durch die rationale Vereinbarung der Kooperation an. Gehlen führt dazu aus (Gehlen 1977, S. 34): „Das [...] Produktions- und Verteilungsgefüge verselbständigt sich [...] objektiv als ein Prozess, in den die Einzelnen eintreten [...], und es verselbständigt sich subjektiv im Bewusstsein der Beteiligten vom Bestehen einer geltenden Ordnung". Aus der Vielzahl möglicher Handlungsweisen treten bestimmte Varianten hervor und werden kulturell zu gesellschaftlich-sanktionierten Mustern erhoben. Durch diese Verselbständigung von Mustern der Kooperation werden die beteiligten Akteure davon entlastet, diese Muster immer wieder neu erfinden zu müssen. Probleme, die bei der Bewältigung relevanter Aufgaben der Daseinsvorsorge immer wieder vorkommen, werden nach einem festen Regelkodex strukturiert und können so stets in gleichartiger und vorhersehbarer Weise gelöst werden. Das zu erwartende Routinehandeln vermittelt Sicherheit und Ordnung. Allerdings zeigen die Tendenzen des sozialen Wandels, dass soziale Institutionen einen Wirklichkeits- und Handlungszusammenhang bilden, dessen Sinngehalt nicht zeitunabhängig ist. Denn sie müssen das Zusammenwirken der Akteure auch unter gewandelten gesellschaftlichen Strukturen regeln, so dass sie sich zeitgeschichtlich als Elemente der Kultur wandeln können. So hat die Arbeitsteilung beispielsweise in der Entwicklung von den mittelalterlichen Zünften zum modernen Betrieb als soziale Institution einen Formwandel vollzogen. Vor diesem Hintergrund repräsentiert die *Netzwerkkooperation* einen *weiteren Formwandel der sozialen Institution Arbeitsteilung*, indem nun ein interorganisationaler Handlungstypus als selbst geschaffener Sinn- und Handlungszusammenhang habitualisiert wird.

2.2 Beispiel: Präventive Orientierungen als Sinn

Im *Bundeskinderschutzgesetz* (BKiSchG) werden *Netzwerke Frühe Hilfen* im Kontext eines flächendeckenden Aufbaus verbindlicher Strukturen der Zusammenarbeit unter den zuständigen Leistungsträgern und Institutionen thematisiert. Prävention bildet den sinngebenden Kontext, warum es solche Netzwerke geben soll – dabei werden zwei präventive Orientierungen verfolgt (vgl. Schubert 2015b, S. 12 f.):

Die *primäre Prävention* zielt darauf ab, die Kinder und Eltern durch Aufklärung, Anleitung und Beratung dazu zu befähigen, die Erziehung und das Familienleben selbst zu regulieren, damit kritischen Entwicklungen vorgebeugt werden kann und die Biographie der Kinder einen positiven Verlauf nimmt. Unter der Netzwerkperspektive richten sich primärpräventive Angebote universell an alle (werdenden) Eltern mit ihren Kindern und integrieren im Netzwerk Förderungsansätze der Jugendhilfe, des Gesundheitsbereichs, der Sozialhilfe und der Bildungseinrichtungen. In diesem Kontext wird der Sinn des Netzwerks von den Fragestellungen bestimmt: Welche Frühen Hilfen sollen flächendeckend in der Kommune allen Kindern eines Jahrgangs und allen Familien zugutekommen? Und wie müssen die Dienstleister das Angebot untereinander koordinieren?

Die *sekundäre Prävention* erfolgt demgegenüber zu einem Zeitpunkt, an dem sich ein krisenhafter Entwicklungsverlauf als wahrscheinlich abzeichnet und der Eintritt ungünstiger Bedingungen für ein Kind (und seine Eltern) vermieden werden kann. Unter der Netzwerkperspektive richten sich sekundärpräventive Angebote selektiv an Familien und werdende Mütter, die sich bereits in einer Problemlage befinden oder davon bedroht sind. In diesem Kontext wird der Sinn des Netzwerks von den Fragestellungen bestimmt: Welche Frühen Hilfen sollen auf die Beseitigung besonderer Benachteiligungen und Gefährdungsrisiken von Kindern und Eltern in spezifischen Lebenssituationen konzentriert werden? Welche Aktivitäten müssen die beteiligten Einrichtungen, Dienste und Organisationen untereinander abstimmen, damit Kindern (und deren Familien) frühzeitig passende und flexible Hilfen angeboten und vor Risiken für ihr Wohl und ihre Entwicklung geschützt werden können?

Frühe Hilfen wenden sich nicht ausschließlich an sozial benachteiligte Familien bzw. an Familien in besonderen Belastungssituationen. Daher sind sowohl der primärpräventive, flächendeckende und breitenwirksame Ansatz als auch der sekundärpräventive Ansatz zur Vermeidung besonderer Risiken bei Kindern aus benachteiligten Milieus oder aus Elternhäusern ohne Erziehungskompetenz (wie zum Beispiel Teenagermütter) grundsätzlich als gleichwertig zu betrachten. Erst unter Bezugnahme auf die besonderen lokalen Gegebenheiten und auf den örtlich festgestellten Bedarf wird es möglich, den Sinn des organisierten Netzwerks Frühe

Hilfen zu fokussieren oder auf beide Präventionsorientierungen zu beziehen. Diese strategische Frage nach dem Sinn des Netzwerks muss vom Management frühzeitig gestellt werden, um zu erörtern, was die Adressatinnen und Adressaten vor Ort brauchen und wofür das Netzwerk schwerpunktmäßig da sein soll.

Ein Beispiel für den primärpräventiven breitenwirksamen Ansatz stellt das „Baby-Begrüßungspaket" dar, das in vielen Städten und Gemeinden allen Familien, die ein Kind bekommen, im Rahmen eines angemeldeten Hausbesuchs überreicht wird. Durch allgemeine Informationen mit Adressen vermitteln Dienstleister an der Schnittstelle zu den Adressaten, welche bestehenden Hilfe- und Beratungsangebote im Bedarfsfall in Anspruch genommen werden können. Das Material soll Eltern in vielen alltäglichen Fragen der Erziehung weiterhelfen. Das Begrüßungspaket ist ein Netzwerkprojekt, weil dabei das örtliche Jugendamt, das Gesundheitsamt, die Kindertageseinrichtungen (sowie ihre Träger) und vereinzelte Ärzte kooperieren. Auch wenn das Gesundheitsamt, die Kindergärten und Ärzte in Gesundheitsprojekten zusammenarbeiten, die dem Übergewicht von Kindern vorbeugen und Kompetenzen der gesunden Ernährung vermitteln, dient das flächendeckend der primären Prävention.

Wenn zusätzlich Familien, die ihre dreijährigen Kinder nicht zum Kindergarten angemeldet haben, sowie Familien, bei deren Kindern während der Schuleingangsuntersuchung auffällige Merkmale festgestellt wurden, gezielt angeschrieben werden, wird ein sekundärpräventiver Ansatz verfolgt, der auf Kinder in schwierigen Lebensverhältnissen fokussiert ist, um möglichen späteren bzw. intensiveren Hilfen zu einem frühen Zeitpunkt vorzubeugen. Ähnlich ist beispielsweise die Ansprache werdender Teenager-Mütter aus einem bildungsfernen Milieu einzuordnen, während der Schwangerschaft Beihilfen zu beantragen, die zu begleitenden Hilfen führen. In diesem Fall wirken wiederum das örtliche Jugendamt, das Gesundheitsamt, die Kindertageseinrichtungen mit ihren Trägern und vereinzelte Ärzte zusammen. Dabei geht es darum, (werdende) Mütter und Väter aus benachteiligten Lebensverhältnissen von präventiven Maßnahmen zu überzeugen und ihre Kinder vor Entwicklungsrisiken zu schützen. Beispielsweise können in der Folge Familienhebammen belastete Familien unterstützen und über positive Impulse während der Begleitung stabilisieren. Wichtige Partner sind in diesem Zusammenhang auch die Arbeitsagentur oder die ARGE, weil deren Mitarbeiterinnen und Mitarbeitern die Eltern armer Kinder im Alter bis drei Jahren bekannt sind. Durch die Kooperation (unter Beachtung datenschutzrechtlicher Aspekte) können Fachkräfte des Allgemeinen Sozialen Dienstes (ASD) beispielsweise die Eltern davon überzeugen, dass der Besuch des Kindergartens gut für die Entwicklung ihres Kindes ist. Insofern verleiht das Netzwerk dem interorganisationalen Handeln der Akteure den Sinn, dass das Risiko für Säuglinge und Kleinkinder, durch die eigenen Eltern geschädigt zu werden, minimiert wird. Die *Er-*

arbeitung eines Sinnkerns – unter der *Frage: Was ist der Sinn des Netzwerks?* – ist eine wichtige Aufgabe des Netzwerkmanagements, an die weitergehend die Entwicklung und Formulierung konkreter Ziele anschließen kann. Erst wenn das Anliegen, ein Netzwerk zu organisieren, kollektiv Sinn macht, kann das Netzwerk gemeinsame zustimmungsfähige Ziele festlegen, die „flexible Anschlüsse für die partikularen Interessen der Netzwerkmitglieder" ermöglichen (vgl. Rürup et al. 2015, S. 120). Der soziale Sinn wird dabei mit dem subjektiven Sinn der beteiligten Akteure gekoppelt, deren Mitwirkung im Netzwerk an den eigenen Nutzen gebunden ist. Denn der subjektive Sinn besteht für jeden einzelnen beteiligten Akteur darin, dass die organisierte Mitarbeit im Netzwerk Zwecke verfolgt, die der Intention der Beteiligung entsprechen. Das Management stellt folglich den gesamten Sinnzusammenhang des Netzwerkes her, indem die Vielfalt subjektiv zugeschriebenen Sinns zweckrational und zielorientiert integriert wird.

Für das Netzwerkmanagement bedeutet das:

1) Der Phase gemeinsamer Zielklärung und -findung muss besondere Aufmerksamkeit gewidmet werden. Unklare, mehrdeutige und unausgesprochene Erwartungen der Netzwerkmitglieder führen zu dauerhaften Belastungen der Netzwerkarbeit und zu einer Unschärfe des gemeinsamen Anliegens.
2) Die Zielsetzungen des Netzwerks dürfen nicht oktroyiert werden, auch wenn ein thematischer Rahmen – zum Beispiel der Kommune als Initiator und Geldgeber beim Beispiel des Netzwerks Frühe Hilfen – vorgeben ist. Netzwerke sind anzuerkennen als Gelegenheiten der Verwirklichung von Eigeninteressen der Netzwerkmitglieder. Worin die Überschneidungen oder Anschlussfähigkeiten der partikularen Anliegen konkret bestehen, ist grundsätzlich als unbekannt vorauszusetzen und muss vom Management mit entsprechendem zeitlichen und kommunikativen Aufwand erst in Erfahrung gebracht werden.
3) Die Formulierung und der Beschluss einer sinnbasierten Agenda des Netzwerks kann bei der Klarstellung des gemeinsamen Anliegens hilfreich sein, darf aber nicht tabuisieren, dass Veränderungen in den partikularen Interessen der Netzwerkmitglieder beständig eine Hinterfragung und eventuell Neubestimmung des gemeinsamen Netzwerkziels möglich machen können.
4) Einfachere, alltags- und handlungsbezogene Ziele, deren individuelle Umsetzung und Erreichung gut beobachtbar und erlebbar ist (z. B. SMART-gemäß: spezifisch, messbar, attraktiv, realistisch, terminfixiert), sind erst eine tragfähigere Basis für Netzwerkarbeit, wenn die Vernetzung durch einen Sinnrahmen zusammengehalten wird.

2.3 Interorganisationale Kultur

Es ist nicht hinreichend, ein organisiertes Netzwerk auf das Beziehungssystem zu reduzieren; denn durch das kontinuierliche Zusammenwirken der Beteiligten wird in den Beziehungen auch eine gemeinsame Kultur ausgebildet. Ablesbar ist das an den Präferenzen für Konsum, für Traditionen, für Normen oder für Institutionen, die im Prozess der Aushandlung zwischen den Beteiligten entwickelt werden. Ausgehandelt wird unter den Beteiligten daher nicht nur die Struktur des Beziehungsgeflechts, sondern es werden in den Situationen, in denen die Beziehungen des Netzwerks wirksam sind, *gemeinsame Interpretationen* und eine *gemeinsame Symbolik* vereinbart.

Die *Kultur in organisierten Netzwerken* wird einerseits durch das Verhalten und das direkte Erleben in den Situationen und den Ereignissen der Verknüpfung übertragen. Andererseits spielt auch das *Narrativ der Geschichte über das Netzwerk* (Story) eine wichtige Rolle – es wird durch Kommunikation innerhalb des Netzwerks – sowie über die Grenzen hinaus – vermittelt. Dabei wird das Netzwerk interpretativ mit Zuschreibungen und Bedeutungen aufgeladen.

Das Netzwerk selbst, seine Struktur, die Art der interorganisationalen Verbindungen, die entwickelten Werthaltungen und Präferenzen sowie die Situationen, in denen sie stattfinden, gehören zu der im Netzwerk transportierten Kultur. Die kursierende Geschichte (Story) darüber, die von Situation zu Situation abgewandelt werden kann, wird zum Medium des Aushandlungsprozesses und repräsentiert die Netzwerkidentität. Die narrativ getragene Identität wird in der phänomenologischen Netzwerktheorie als die kulturelle Form der „Domäne" bezeichnet (vgl. Fuhse 2016, S. 188).

„Eine gewisse akteursbezogene Konkretisierung erfährt eine auf solche Weise verstandene Kultur als ‚network domain'. Hiermit wird ein spezialisiertes Interaktionsfeld (Nachbarschaft, Kollegium) gefasst, das durch bestimmte Cluster von Beziehungen und mit diesen verbundenen Bündeln von ‚stories' konstituiert wird" (Hepp 2010, S. 229).

Beispielsweise bildet das Netzwerk Frühe Hilfen (nach dem Bundeskinderschutzgesetz) durch besondere Symbole, spezifische sprachliche Muster und normbasierte Verhaltenserwartungen eine Domäne, die sich deutlich von der Netzwerkidentität und Kultur eines Netzwerkes der lokalen Bildungslandschaft unterscheidet. Durch die sukzessive Fortentwicklung und Fortschreibung der auf die frühe Kindheit fokussierten narrativen Story auf der einen Seite und der bildungsfokussierten Geschichte auf der anderen Seite werden die beiden Netzwerkidentitäten sinnhaft konstruiert (vgl. Häußling 2010, S. 71).

Zu dem kulturellen Aspekt gehören auch die Regeln der Interaktion und die Formen der Begegnung: Finden die Treffen im Stil von Arbeitskreisen statt, wie sie die administrative Kultur der Kommunalverwaltung geprägt hat, oder werden neue Formen des Austausches (z. B. Methode des World Cafés) gesucht, in denen die Akteure aus den unterschiedlichen Feldern eine eigenständige Netzwerkkultur aushandeln können? In gleicher Weise ist das situative Setting dazu zu rechnen, das von einer Verpflegung bei zwanglosem Beisammensein bis zu einer organisierten Kommunikationsform nach einer Rangordnung ohne Getränke reichen kann.

Weil Kultur generell über Kommunikation vermittelt wird, spielt in der Gegenwart das medial vermittelte, symbolische Handeln über das Internet und Social Media eine große Rolle: „‚Real' sind diese Kulturen insofern, als sie den Raum des alltäglichen Handelns bestimmen" (Hepp 2010, S. 230). Die charakteristische Sozialform dieser Netzkulturen wurde als „vernetzter Individualismus" bezeichnet, weil das alltägliche Leben zunehmend in thematisch spezialisierten und technologisch basierten Netzwerken als vorherrschende Form der Sozialität organisiert wird (Manuel Castells, zitiert nach Hepp 2010, S. 230).

Beim Design von Netzwerken darf die Kultur deshalb nicht als Nebenaspekt des Netzwerkkontextes aufgefasst werden. Welche Form der Netzwerkkultur entstehen soll, ist bereits im Design zu kodieren, indem die Situationen der Verbindungen darauf explizit ausgerichtet werden. Die Mechanismen der Formierung eines organisierten Netzwerkes beruhen auf der Kommunikation von Idealen, dem diskursiven Rahmen und kognitiven Landkarten (vgl. Hepp 2010, S. 229). Insofern sind Netzwerke untrennbar verknüpft mit kulturellen Bedeutungen, Kategorien, Narrativen und der Konstruktion von Identitäten:

> *„Kulturelle Muster residieren demnach in erster Linie in sozialen Netzwerken, strukturieren diese teilweise auch und werden in ihnen reproduziert. Das Individuum ist in dieser Sichtweise mehr oder weniger ausführendes Organ dessen, was seine soziale Position ihm an Symbolen, Schemata und Skripten vorschreibt"* (Fuhse 2010, S. 171).

2.4 Systemperspektive

Das Konzept des sozialen Systems impliziert eine Grenzziehung zwischen System und Umwelt. Weil Netzwerke diese Differenzen überwinden, indem beispielsweise die Funktionssysteme der Jugendhilfe und des Gesundheitswesens über Vernetzungen verknüpft werden, scheinen das System- und das Netzwerkkonzept nicht kompatibel zu sein – insbesondere wegen der fehlenden Abgrenzung der Netzwerke von ihrer sozialen Umwelt (vgl. Holzer und Fuhse 2010, S. 312). Ähnlich sind die beiden Grundkonzepte in der methodologischen Grundüberlegung, von den Beziehungen statt von den Knoten (Akteure) auszugehen. Denn nicht die Akteure „machen" die Netzwerke, sondern sie werden über die Beziehungen konstruiert (vgl. ebd., S. 314): „Ein Netzwerk besteht aus miteinander verknüpften Beziehungen, nicht aus miteinander verknüpften Menschen" (Holzer 2010, S. 113).

Wenn Netzwerke eine Außengrenze definieren sowie herausbilden und in der kontinuierlichen Interaktion eine eigene Identität entwickeln, nehmen sie die Gestalt einer sozialen Einheit an, die einen Systemzusammenhang repräsentiert. *Organisierte Netzwerke (im Gegensatz zu lebensweltlichen) wurden daher als eine weitere Emergenzebene zwischen Organisation und Gesellschaft* deklariert:

> *„[...] zwischen Organisationen können sich Netzwerke bilden, und Vernetzungen haben häufig einen sachthematischen Fokus [...]. Doch diese Netzwerke sind keine Systeme, solange es ihnen an Abgeschlossenheit und Ausdifferenzierung gegenüber einer sozialen Umwelt fehlt – und damit auch an der Möglichkeit, ihre eigene Identität zu beobachten und von anderen als soziale Einheit beobachtet zu werden"* (Holzer und Fuhse 2010, S. 318).

Lebensweltliche Netzwerke stellen demgegenüber „*prinzipiell unabgeschlossene Verweisungsstrukturen von an Personen ansetzenden dyadischen Sozialbeziehungen*" dar und weisen nicht den Charakter eines sozialen Systems auf (ebd., S. 318). Systemtheoretisch ist daher hier die folgende *Differenz* bedeutsam: „*zwischen Netzwerken als prinzipiell unabgeschlossenen Verknüpfungsstrukturen von dyadischen Beziehungen und dem Spezialfall, dass sich Netzwerke zu Sozialsystemen ausbilden, indem sie eine Sinngrenze zu ihrer sozialen Umwelt etablieren*" (ebd., S. 318).

Vor diesem Hintergrund können organisierte Netzwerke in der Sozialwirtschaft, die versäulte Funktionssysteme so miteinander verbinden, dass die Eigenlogiken der Teilsysteme anschlussfähig werden, als System aufgefasst werden, wenn sie eine Sinngrenze zu ihrer Umwelt ziehen. Ein Beispiel ist das im Bundeskinderschutzgesetz vorgeschriebene Netzwerk Frühe Hilfen, das vor allem die Funktionssysteme Gesundheit, Jugendhilfe und Soziales verknüpft und über den Sinnzusammenhang der umfassenden Prävention in der frühkindlichen Phase eine relativ abgeschlossene Vernetzungsstruktur darstellt.

Das Handeln der sozialen Akteure wird in der Vernetzung von *drei Rationalitäten* bestimmt: (1) Als erstes wird das Handeln in Netzwerken von einer *Akteursrationalität* – als das generalisierbare Interesse des Einzelakteurs – bestimmt; in der Reflektion von Erwartungen der Außenwelt nimmt sie den Charakter zweckrationaler, aktueller Kalküle an (vgl. Weber 1972, S. 12 ff.). (2) Die *Systemrationalität* – als Handlungsorientierung, die innerhalb des Systems der Organisation und dessen Sinnzusammenhang geprägt wird – macht das soziale Handeln der organisationalen Akteure in der Unterscheidung sowie Beobachtung von System und Umwelt anschlussfähig an andere Organisationen als Systeme in einer multiorganisationalen Umwelt (vgl. Luhmann 1973, S. 174; ders. 1998, S. 183 f.; vgl. auch Schreyögg 2003, S. 389). (3) Die *kommunikative Rationalität* – in Abstimmungsvorgängen zwischen Partnern – besitzt eine eigenständige Qualität; denn sie vermittelt das zweckrationale und systemrationale Handeln unter den Akteuren über Akte der Verständigung zu einem sozialen Netzwerk (vgl. Habermas 1981, S. 385). *Erst durch die kommunikative Relationierung von Organisationen als Elemente entsteht das Ordnungsniveau, das emergent ein Netzwerk als System konstituiert* (vgl. Luhmann 1978, S. 216).

Damit verschiebt sich das Aktionszentrum auf eine höhere Aggregationsebene: die einzelne Organisation wandelt sich vom strategischen Akteur zum Element eines *strategischen Kollektivs* (vgl. Schreyögg 2003, S. 389), das durch *Komplexität* gekennzeichnet ist: „Als komplex kann man Systeme bezeichnen, die so viele Elemente zusammenhalten, dass sie (bei den durch die Art der Elemente limitierten Strukturierungsmöglichkeiten) nicht mehr jedes Element mit jedem anderen verknüpfen können" (vgl. Luhmann 1978, S. 216).

Die Einheit der Gesellschaft besteht in der Differenz eigenlogisch operierender Teilsysteme – das Konzept des Netzwerks erscheint entgegengesetzt zu sein, weil es diese Differenz in interaktiver Verflechtung überbrückt (vgl. Weyer 2011, S. 10 ff.). Die klassische Innen-Außen-Differenz wird durch Vernetzung unkenntlich, weil stattdessen Außenzustände der Umwelt mit Innenzuständen der beteiligten Organisation verknüpft werden. Das Netzwerk tritt an die Stelle des hierarchischen Verhältnisses von Funktionssystem und Organisationen (vgl. Luhmann 1998, S. 846). Die Auflösung der Differenz führt zu neuen „Mixes von Ordnung und Unordnung, Redundanz und Varietät, loser und fester Kopplung" (Baecker 1999, S. 25). Als soziales System, das kompatibel mit einem beziehungsgestützten Netzwerk dieser Art ist, definiert Willke, „wenn sich eine Menge von Interaktionen von anderen Interaktionen abgrenzen lässt, indem aufgrund von Sinnkriterien zwischen dazugehörigen und nicht-dazugehörigen Interaktionen unterschieden wird" (Wilke 1978, S. 229). Somit wird auch das Netzwerk als „System-in-einer-Umwelt" konstruiert, weil die interne Kommunikation von derjenigen außerhalb differenziert werden kann (vgl. Baecker 1999, S. 293), aber es wird als System nur durch systemeigene Operationen aufgebaut. Dies findet im Rahmen einer „strukturellen Kopplung" zwischen den beteiligten Organisationen (als organisationale Systeme) statt, deren lose Vernetzung in der Netzwerkkooperation in eine systemische Ordnung transformiert wird (vgl. Luhmann 2004, S. 119). Das einzelne organisationale System fürchtet in einer Umwelt um seine Identität und sucht im Rahmen von Koalitionen Kontrollmöglichkeiten – das Netzwerk kann danach auch als Ergebnis von gegenseitigen Kontrolloperationen verstanden werden (Baecker 1999, S. 291).

In der strukturellen Kopplung werden dabei Strukturen operativ so geschlossen, dass die Abschlüsse zu bestimmten Umwelten passen. Dieses Wissen und diese Definition um den richtigen Anschluss der strukturellen Kopplung zwischen Systemen erklärt Baecker zur Kulturform der nächsten Stufe der Gesellschaftsentwicklung (Baecker 2007, S. 28 ff.). Die beteiligten Organisationen selbst bleiben im Netzwerk als soziale Systeme erhalten (vgl. Schreyögg und Sydow 1999, S. 282); durch die Vernetzung verschwimmen ihre Grenzen nicht. Baecker führt dazu aus: „Die Vielzahl der aktuellen und aktualisierbaren Kontakte treibt den Druck auf die Organisation, ihre Grenzen als steigerbare Leistungen zu behandeln und Identitätskriterien der eigenen Entscheidungen auszuflaggen, die zweifelsfrei erkennbar machen, wo eine Organisation aufhört und die andere anfängt […]" (Baecker 1999, S. 191).

Die Organisationen treten in das Netzwerk als Teil dessen ein, was sie als Umwelt beobachten (zum Paradox dieses „Reentry": vgl. Luhmann 2004, S. 166 f.). Das *Management von Netzwerken* darf die beteiligten Organisationen nach der „Theorie der *Beobachtung zweiter Ordnung*" daher nicht als Objekte wahrnehmen, sondern als Beobachter, mit deren Perspektive das systemische Zusammenwirken koordiniert werden muss (vgl. ebd., S. 156). Das Netzwerk repräsentiert in der strukturellen Kopplung der Elemente ein soziales System, das eine eigene Identität, eine eigene Rationalität, eine relative Autonomie und eine Handlungsfähigkeit als Entität aufbaut, indem es Komplexitäts- und Relevanzdifferenzen zwischen sich und seiner Umwelt stabilisiert. Dabei verdichten sich die organisationalen Systeme über ihre Handlungsverflechtungen zu einem „kollektiven Akteur", der wiederum einen Systemzusammenhang bildet. In Form von Symbolen, Werten, Normen, Rollen und generalisierten Medien bilden Sinnkriterien ein Präferenzsystem, das die Transaktionen innerhalb des Netzwerkes sowie zwischen Netzwerk und Umwelt steuert (vgl. Willke 1978, S. 231).

Die besondere Bedeutung des Netzwerks als System wird dann darin gesehen, dass es im Rahmen seiner Komplexität über das Medium Sinn „Möglichkeitsüberschüsse" generiert, also eine Vielzahl von Möglichkeiten bereithält (vgl. Luhmann 1998, S. 92). Dies verweist auf den Zusammenhang mit dem systemtheoretischen Kommunikationsbegriff, der Redundanz durch Steigerung der Wahrscheinlichkeit bestimmter Informationen schafft, indem zugleich eine Abgrenzung von anderen möglichen Informationen vorgenommen wird (vgl. Baecker 1999, S. 288 f.). Wesentlich ist dabei der Begriff der Unterscheidung, weil durch Kommunikation ein Möglichkeitsraum von anderen Möglichkeiten unterschieden wird.

Bei der Abstimmung des Netzwerks als System mit einer organisationalen Umwelt ist angesichts der reduzierten Innen-Außen-Differenz ein Integrationsproblem zu konstatieren, das auf vier Ebenen eine Rolle spielt (vgl. Willke 1978, S. 233 ff.): Auf der ersten Ebene ist das „Binnenproblem" zu nennen, bei dem interne Fragen der Artikulation, Aggregation und Selektion von systemischen Mitgliederinteressen, der Definition von Systemzwängen, der Bildung einer Binnenmoral, der Abstimmung intern ausdifferenzierter Rollen und die Frage der inneren Verteilung von Ressourcen im Blickpunkt stehen. Die Innenwelt umfasst die internen Relationen im Netzwerk, d. h. des Systems mit seinen Mitgliedern, die durch parallele Beziehungen in andere Netzwerke im Sinne außersystemischer Rollenverpflichtungen divergente Orientierungen aufweisen. Die zweite Dimension beinhaltet das „Außenproblem" des Netzwerksystems, das sich gegenüber einer Umwelt ohne scharfe Grenzziehungen positionieren muss. In der Außenwelt sind die externen Relationen des Systems zu verorten, d. h. die Beziehungen der Mitglieder. Das sind einerseits die horizontalen Relationen zu anderen Systemen, andererseits die vertikalen Außenrelationen zu dem umfassenden primären Gesamtbezugssystem und drittens laterale Relationen zu anderen Gesamtsystemen, mit denen das Netzwerk in einem sekundären systemischen Kontext steht. Ein dritter Aspekt betrifft das „Grenzproblem", das um die Frage der Abstimmung divergierender Ziele in den Vernetzungsketten kreist. Im Kreis der vernetzten organisationalen Systeme bilden sich Erwartungen (in Form von Interessen, Zielen, Rationalitätskriterien) heraus, die untereinander abgestimmt werden müssen. Die sich herausbildenden Differenzen können als spezifische Umweltbedingungen die unscharfen Grenzen des Netzwerks markieren. Schließlich ist noch das Problem der „doppelten Grenze" zu nennen. Es thematisiert, dass es neben der Grenze, die Netzwerksystem und Netzwerkumwelt im Sinne von Netzwerk-Außenwelt trennt, auch eine Grenze des Systems gegenüber seinen Mitgliedern als Netzwerk-Innenwelt gibt. Denn im Rahmen der Vernetzung kann ein organisationales System einerseits im Innenverhältnis dazugehören und andererseits in seinen äußeren Beziehungen außerhalb des Netzsystems stehen. Vor diesem Hintergrund steht ein Netzwerk als System zwei verschiedenen Umwelten gegenüber und muss daher Abstimmungsprobleme zwischen Innenwelt und Außenwelt lösen.

Zur Lösung des Integrationsproblems muss das Netzwerk multifunktional organisiert werden, im Sinne von Luhmann mit „doppelter Kontingenz" operieren, statt auf einen einzigen Zweck rationalisiert zu sein. Die Systemintegration von Netzwerken gelingt daher in der interdependenten Abstimmung der beiden Abstimmungsprozesse zwischen System und Außenwelt sowie zwischen System und Innenwelt. Nach Baecker (2003, S. 246) bilden Netzwerke eine Unterstützungsinfrastruktur für die Integration von komplexen Systemen. Denn sie bilden Strukturen, „die die Reproduktion komplexer Systeme sowohl in der Hinsicht der operativen Kopplung der Systemelemente als auch in der Hinsicht der strukturellen Kopplung an die Umwelt des Systems und insbesondere an andere Systeme in dieser Umwelt erleichtern" (Schreyögg 2003, S. 393). Schreyögg bezeichnet Netzwerke deshalb als „Umwelt-Komplexitätsreduktions-Gemeinschaften". Ein Netzwerk nimmt dabei die „Form der verteilten Intelligenz" an, weil die Teilnahme an Netzwerken in der Kooperation grundsätzlich mehr Intelligenz zur Verfügung stellt, als wenn die Leistung individuell realisiert würde. Zugleich fordert die Teilnahme an Netzwerken von jedem Mitglied mehr Intelligenz im Sinne der Fähigkeit ab, eigenes Nichtwissen durch das Wissen anderer zu kompensieren. Das Integrationsproblem wird dabei über reflexive Interdependenz gelöst, indem ein fokales System gegenüber verschiedenen Umwelten sich selber als mögliche Umwelt derselben begreifen lernt und die daraus folgenden Restriktionen in die eigene Handlungssteuerung einbaut (vgl. Willke 1978, S. 237). Differenzierung und Integration bilden einen wechselwirkenden Prozess. Integration ist ein Prozess, „in dem autonome Einheiten bestimmte Handlungsmöglichkeiten und Optionen aufgeben, um als funktional differenzierte Teilsysteme dem neu gebildeten Gesamtsystem gegenüber neuen Umweltkonstellationen verbesserte evolutionäre Chancen zu verschaffen" (ebd., S. 246).

In diesem Prozess verfügt ein Netzwerk über *drei Systemreferenzen*: zum Beispiel die *Beziehungen zum umfassenden Gesamtsystem der Sozialwirtschaft* in der Gemeinde *(Gesamtvernetzung)*, die *Beziehung zu anderen Beziehungsclustern* – wie etwa zwischen dem Netzwerk Frühe Hilfen und einem lokalen Netzwerk zur Armutsbekämpfung *(Interaktion zwischen organisierten Netzwerken)* und die *Beziehung zu sich selbst (interorganisationale Binnenvernetzung)*. Die Integration im Rahmen der Netzwerkkooperation repräsentiert somit einen ambivalenten Zustand, bei dem das Netzwerk zwei entgegengesetzte Extreme vermeidet: die völlige Autonomie der Mitglieder und die vollständige Verschmelzung der Teile mit dem Ganzen. Das Netzwerkmanagement erfordert eine relative Autonomie der Teile, die Interdependenzen zwischen Teil und System impliziert, aber auch Freiheitsgrade, die den Teilen ein eigenständiges Handeln erlauben (vgl. ebd., S. 247).

2.5 Design von Netzwerken

Die Netzwerkgestaltung wird im Allgemeinen als eine reflexive Tätigkeit, um den Aufbau und die Dynamik eines Netzwerkes bewusst zu beeinflussen, definiert (vgl. Rürup et al. 2015, S. 116). Die Kriterien der Gestaltung beziehen sich dabei oft auf die Verbindung zuvor unverbundener Akteure, auf ein effizientes Zusammenwirken, auf den Abbau oder die Umgehung bestehender Konflikte sowie Widerstände oder auch auf die Verringerung von Kommunikationsbarrieren. Unter dieser Gestaltungsperspektive stellt *Design* ein *zentrales Element der Identitätsformation eines organisierten Netzwerkes* dar. Beim Design von Netzwerken steht die Erzeugung von Sinn und Bedeutung von organisierten Verbindungen im Vordergrund: „Design is making sense of things" (Erbeldinger und Ramge 2015, S. 174).

Netzwerkdesigner sind „Arrangeure von sozialen Konstellationen. Auf diese Weise realisieren sie Kontrollprojekte, und daraus resultiert ihre spezifische Designer-Identität. Designte Objekte sind nicht nur gestaltet, sie ‚wirken' auf ihr Umfeld auch gestaltend und sind darüber hinaus weiteren Gestaltungen ausgesetzt. Denn aufgrund designter Objekte ändern Menschen ihre alltäglichen Praktiken" (Häußling 2010, S. 143).

Für die *Gestaltung organisierter Netzwerke* eignet sich die *Methode des Network Design Thinking*. Sie basiert auf dem Konzept des „Design Thinking" und beschreibt eine systematische Herangehensweise zur Entwicklung neuer Ideen, womit komplexe, schwer zu fassende Probleme gelöst werden können (vgl. Lewrick, Link und Leifer 2017). Neben David Kelley, der die international bekannte Design-Agentur IDEO in Palo Alto (im Silicon Valley) gründete, gehören seine Professorenkollegen der Stanford University Larry Leifer und Terry Winograd zu den Schöpfern der Design Thinking Methode. An der „d.school" der Stanford University wurde der Ansatz später weiter entwickelt und ausdifferenziert.

Design Thinking kann vereinfacht als Dreiklang von Team, Raum und Prozess beschrieben werden: Denn das Konzept beruht auf der Annahme, dass erfolgreiche Problemlösungen und Innovationen entstehen, wenn (1) in *multidisziplinären Teams* zusammengearbeitet wird, (2) in räumlicher Interaktion eine *gemeinsame interdisziplinäre Denk- und Arbeitskultur* entwickelt wird und (3) an den Schnittstellen der verschiedenen Perspektiven *transdisziplinär Innovationen erzeugt* werden (vgl. Plattner, Meinel und Weinberg 2011, S. 42 f.). Die kollektive Intelligenz soll dabei im Raum so vernetzt werden, dass am Ende des Prozesses eine bessere Lösung entwickelt worden ist (vgl. Erbeldinger und Ramge 2015, S. 32).

Folgende *Prinzipien* liegen dem Ansatz zu Grunde:

(1) Interdisziplinarität. Als Schlüsselprinzip wird die heterogene Zusammensetzung der Teilnehmenden erachtet. Trotz unterschiedlicher (Erfahrungs-)Hintergründe sollen die Beteiligten teamorientiert zusammenarbeiten; zur Förderung eines kreativen Arbeitsprozesses können sie auf eine Vielzahl unterstützender Materialien und flexibler Räumlichkeiten (z. B. Stehtische, Trennwände) zurückgreifen. Und durch anschauliche analytische als auch kreativ-intuitive Methoden wie der Entwicklung von Prototypen oder von Geschichten im Rahmen von Storyboards können mögliche Barrieren aufgrund unterschiedlicher Wissens- oder Disziplinhintergründen im Team kompensiert werden (vgl. Gürtler und Meyer 2013, S. 18 ff.). Die Beteiligten mit unterschiedlicher disziplinärer Herkunft sollen gute Beobachter und anschlussfähig an die anderen Disziplinen sein, empathie- und teamfähig, extrovertiert, experimentierfreudig sowie bereit sein, kollektive Verantwortung zu übernehmen, und eine optimistische Grundhaltung mitbringen (vgl. Erbeldinger und Ramge 2015, S. 144). Die Disziplinen begegnen sich – quasi hierarchiefrei – auf Augenhöhe. Die erhöhte disziplinäre Diversität in Teams verringert zwar die interne Dichte der Kommunikationsbeziehungen, erhöht aber die Reichweite der externen Beziehungen des Teams, was sich positiv auf die Teamperformanz auswirkt (vgl. Raab 2010, S. 577).

(2) Nutzerorientierung bildet den Fokus der Innovationsmethode. Einen hohen Stellenwert besitzt dabei die Empathiefähigkeit. Denn die Teammitglieder müssen in der Lage sein, „in den Schuhen anderer zu stehen" (Brown 2009, S. 49 – Übersetzung: H. S.), und erkennen, welche Bedürfnisse die potenziellen Nutzer haben, damit innovative Lösungen entdeckt oder (neue) Dienstleistungen passgenau (weiter-)entwickelt werden können (vgl. Meinel, Weinberg und Krohn 2015, S. 14 ff.).

(3) Herstellung emotionaler Resonanz. Sowohl bei Produkten als auch bei Dienstleistungen darf eine neue Lösung nicht nur funktional sein, sondern sie muss vor allem auch emotional sein und zur aktiven Partizipation einladen (vgl. Brown 2009, S. 112). Im Prozess des Design Thinking wird deshalb nach einem „emotionalen Trigger" gesucht – denn: „People buy on emotion and then they justify with logic" (Zig Ziglar, zitiert nach Erbeldinger und Ramge 2015, S. 921); und: „Technology alone does not necessarily result in a better customer experience" (Brown 2009, S. 182). Letztendlich sind die Gefühle der Grund, warum Lösungen von den Nutzerinnen und Nutzern angenommen werden oder nicht. „Design Thinking baut auf die natürliche – und trainierbare – menschliche Fähigkeit zu Intuition, dem Erkennen von Mustern und der Entwicklung von Konzepten auf, die sowohl emotional relevant als auch praktikabel sind" (Kelley und Kelley 2014, S. 44).

(4) Dreiklang von Machbarkeit, Durchführbarkeit und sozialer Erwünschtheit. Die drei Kriterien müssen erfüllt sein, damit eine Idee und der daraus abgeleitete Prototyp erfolgreich sein können. Bei der Machbarkeit steht im Blickpunkt, was in absehbarer Zeit funktional möglich ist; bei der Durchführbarkeit wird vor allem darauf geachtet, ob sich eine Lösung (sozial-)wirtschaftlich angemessen realisieren lässt; und bei der sozialen Erwünschtheit wird gefragt, ob die Lösung aus der Perspektive der Adressatinnen und Adressaten Sinn macht, d. h. ob ihre Bedürfnisse erfüllt werden (vgl. Brown 2009, S. 18).

(5) Iteration. Das methodische Vorgehen zielt auf eine schrittweise Annäherung an die Problemlösung: „Design Thinker zerhacken das Problem nicht in Kleinteile, sondern iterieren mit holistischer Perspektive" (Erbeldinger und Ramge 2015, S. 149). Der iterative Innovationsprozess soll ausgehend von Inspiration über die Ideation der Ideensammlung hinführen zur Implementation von Prototypen. Dabei gibt es nicht nur die Vorwärtsrichtung, sondern auch das Rücksprungprinzip, nach dem jederzeit auf vorherige Iterationsstufen zurückgegangen werden kann (vgl. ebd., S. 69).

Die *methodische Iteration* des Design Thinking wird geprägt von den *sechs Schritten: Verstehen, Beobachten, Sichtweisen definieren, Ideen finden, Prototypen entwickeln und Testen* (vgl. Erbeldinger und Ramge 2015, S. 70 f.). Um eine möglichst hohe Quantität der Ideen- bzw. Lösungsvielfalt zu erhalten, verläuft der Prozess der Schritte zu Beginn divergent in verschiedene Richtungen. Im weiteren Verlauf werden die gesammelten Ideen selektiert und vielversprechende Ansätze weiter verdichtet. Der Gastgeber soll den Prozess nur partizipativ steuern und dabei keinen Einfluss auf den Inhalt nehmen. Die Schritte der Iteration im Einzelnen:

Schritt 1 – Verstehen (Define): Grundsätzlich geht es beim Verstehen darum, Klarheit zu haben, wer die Nutzerin bzw. der Nutzer ist, d. h. auf welche Adressatinnen und Adressaten der Prozess fokussiert werden soll (Customer Centricity). Dazu müssen die wesentlichen Elemente der Problemstellung identifiziert und die Herausforderungen erkannt werden. Das Spektrum der Klärung reicht von der Bestimmung der beteiligten Akteure über die Definition der Situationen, die für die Problemstellung kennzeichnend sind, bis hin zu der Einschätzung der Spielräume und Gestaltungsmöglichkeiten. Die Leitfrage lautet: Welches Bedürfnis sprechen wir in welchem situativen Kontext eigentlich an? (vgl. Erbeldinger und Ramge 2015, S. 194)

Schritt 2 – Beobachten (Research): Nachdem klar wurde, welche Probleme von Adressatinnen und Adressaten im Blickpunkt stehen, werden die hinter der Problemstellung stehenden Bedürfnisse in hypothesenfreier (teilnehmender) Beobachtung ermittelt und die Wirkfaktoren erschlossen. Die Zielgruppen werden am besten in ihrem alltäglichen Verhalten beobachtet, um unmittelbar daran anknüpfen zu können. Die Leitfrage lautet: Was läuft im Alltag der Nutzer/innen genau ab? Der zu identifizierende alltägliche Weg (Customer Journey) bietet die Ansatzpunkte für innovative Lösungen. Es dürfen keine Lösungen entwickelt werden, die mit den Alltagsroutinen nicht kompatibel sind. Beispielsweise wird im bestehenden Dienstleistungssystem nach Fehlern (False) und nach unerfüllten Wünschen der Nutzerinnen und Nutzer (Want) gesucht, um alternative Ansatzpunkte für die Erfüllung der grundlegenden Bedürfnisse (Need) zu finden.

Damit der Sachverhalt besser verstanden wird und anschließend beobachtet werden kann, werden die Profile von Muster-Personen – so genannte „Persona" – ausgearbeitet, an denen die aktuelle Situation und die Passung späterer Lösungen in Szenarios und erzählten Geschichten tiefenscharf durchdacht und durchgespielt wird (z. B. mit szenischen Darstellungsformen wie Rollenspiel, Storytelling oder mit der Storyboard-Methode).

Schritt 3 – Sichtweise bestimmen (Point of View): Nachdem der Problemkontext verstanden und die zugrunde liegenden Bedürfnisse geklärt wurden muss die Perspektive bestimmt werden, unter der Lösungen entwickelt werden. Dazu wird aus den Erkenntnissen der ersten beiden Schritte so offen wie möglich und so konkret zugespitzt wie nötig eine Fragestellung formuliert. In diesem Schritt müssen die richtige Perspektive und der Fokus gefunden werden. Zugleich müssen Vorurteile und falsche Annahmen freigelegt werden, die das Finden einer passenden Lösung verhindern könnten. Zur Identifizierung der richtigen Sichtweise kommt die Fragestellung „How might we [...]?" zur Anwendung (Brown 2009, S. 184). In der Annäherung mit „Wie könnten wir [...]?" schält sich die Sichtweise heraus, die das Tor zur Ideenfindung öffnet.

Theodore Levitt veranschaulichte die Notwendigkeit, die richtige Perspektive zu finden oder eingefahrene Blickwinkel zu wechseln, mit dem Bonmot: „Die Menschen wollen keinen Sechs-Millimeter-Bohrer kaufen, sie wollen ein Sechs-Millimeter-Loch!" (zitiert nach Kelley und Kelley 2014, S. 130) Häufig hilft es auch, die Perspektive oder Fragestellung umzudrehen, um sich von eingeschliffenen Denkstrukturen lösen können.

Schritt 4 – Ideenfindung (Ideation and Choosing): Ergebnisoffen werden mit Kreativitätstechniken wie z. B. Brainstorming – so viele wie möglich und iterativ aufeinander aufbauende – erwünschte Lösungsideen gesammelt. Die interdisziplinäre Zusammensetzung des Teams befähigt zur Auswahl von besonders geeigneten Lösungen und zu ihrer Visualisierung als Prototypen. Hilfreich ist dabei die Methode des Visual Thinking, damit die Ideen nicht nur mit kognitiver Vorstellungskraft entwickelt, sondern auch mit den Augen entdeckt werden. Mögliche Ausdrucksformen sind Piktogramme, Diagramme, Cartoons, Labels, Logos oder auch Porträts (vgl. Erbeldinger und Ramge 2015, S. 35 ff.). Denn nur visuelle Darstellungen können simultan sowohl die funktionalen Merkmale als auch die emotionalen Kennzeichen einer Idee abbilden (vgl. Brown 2009, S. 80).

Bei der Sammlung der Ideen dürfen keine negativen Haltungen eingenommen werden, was warum nicht funktionieren kann. Akteure, die vorwiegend Bedenken tragen, sind aus dem Prozess ausgeschlossen (Kritikverbot), weil dadurch der Ideenfluss blockiert wird. Die Ideen sollen im Fluss der kollektiven Kreativität eine gewisse Reife erlangen, bevor zu erkennen ist, ob sie den gewünschten Nutzen bringen und umsetzbar sind (vgl. Erbeldinger und Ramge 2015, S. 43).

Schritt 5 – Bau von Prototypen (Prototyping): Besonders tragfähige Ideen werden anhand konzeptioneller Prototypen greifbar gemacht. Es ist eine Art „thinking with your hands" (David Kelley, zitiert nach Brown 2009, S. 89). Im Unterschied zu funktionalen Prototypen, die die vorletzte Stufe im aufwändigen Produktentwicklungsprozess darstellen, repräsentieren die konzeptionellen Prototypen aus einfachen Materialien schnell gebastelte Figuren, die eine generierte Idee erfahrbar machen (vgl. Erbeldinger und Ramge 2015, S. 88 f.). In der Herstellung werden ihre Stärken und Schwächen in einer kommunikativen Reflexion herausgearbeitet.

Schritt 6 – Testen (Implement and Learn): Um möglichst früh herauszufinden, ob die Ideen bei den Nutzerinnen und Nutzern auch funktionieren, werden Testformen nach der Logik der Ex-Ante-Evaluation angewandt. Durch das systematische Feedback in diesen Vor-Tests werden Einsichten gewonnen, so dass das Konzept weiter verfeinert und auf ein besseres Lösungsniveau weiterentwickelt werden kann.

2.6 Beispiel einer Netzwerklösung mit Network Design Thinking

Im Projekt „Öffnung des Wohnquartiers für das Alter" wurde eine Netzwerkstrategie verfolgt, mit einer kommunikativen Informationsinfrastruktur strukturelle Löcher im Sozialraum zu überbrücken (vgl. Schubert et al. 2014). Mit der Methode des Design Thinking lassen sich Lösungen im Rahmen der folgenden Schrittabfolge realisieren:

Anwendungsschritt 1: Die Verantwortlichen der Kölner Stadtverwaltung hatten festgestellt, dass im Kölner Stadtteil Ehrenfeld zwischen den beiden Handlungsbereichen „Kooperation zwischen den Anbietern" und „Information und Partizipation der Senioren" eine strukturelle Lücke besteht. Auf der einen Seite bildete der „Runde Tisch Seniorenarbeit" – betreut von der Seniorenberatung – eine gute Grundlage für die Kooperation zwischen den Anbietern der Sozialwirtschaft. Auf der anderen Seite bestanden unter den Seniorinnen und Senioren aber Informationsdefizite über die Beratungsangebote. In der weiteren Vertiefung musste geklärt werden, wer diese Personen sind, die von den Informationen abgeschnitten sind und auf die die Suche nach einer Lösung zu fokussieren ist.

Köln Ehrenfeld repräsentiert ein ehemaliges Arbeiter- und Industrieviertel in Köln mit einem hohen Anteil migrantischer Einwohnerschaft. Ein Teil der älteren Bevölkerung lebt dort relativ zurückgezogen: Einerseits handelt es sich um einen freiwilligen und bewussten sozialen Rückzug von institutionellen Informationssystemen; andererseits resultieren die Gründe für das zurückgezogene Leben aus körperlichen, sozialen und/oder kognitiven Einschränkungen. Auch wenn über vereinzelte Freundes- und Familienbeziehungen Kontakte in den Sozialraum bestehen, so waren die Lebenswelten vieler älterer Menschen zum Startzeitpunkt des Projektes im Jahr 2012 vom Infrastruktursystem der Altenhilfe und den darin operierenden professionellen Kräften weitgehend entkoppelt. Die kommunale Seniorenarbeit – das ist Kern der Problemlage – erreichte diesen Personenkreis über die bestehenden Dienste und Einrichtungen der sozialen Infrastruktur bzw. über Angebote der Altenhilfe im weitesten Sinne fast gar nicht und konnte in diese Milieus hinein kaum Impulse geben, die die Autonomie und Eigenverantwortlichkeit im Alter stärken. In der Stadt Köln wurde ein strukturelles Loch zwischen den lebensweltlichen Beziehungskreisen älterer Menschen in den Wohnquartieren des Stadtteils Ehrenfeld und den professionellen Netzwerken der kommunalen Seniorenberatung konstatiert.

Anwendungsschritt 2: Mit Hilfe einer Haushaltsbefragung (N = 495) wurde die Lebenssituation der älteren Menschen in Köln Ehrenfeld aufgeklärt. Im Rahmen von aktionsräumlichen Stadtteilbegehungen wurden Kontaktpunkte und Beziehungsgelegenheiten im Wohnumfeld betrachtet. Die empirische Analyse der Kenntnisse und der Nutzung sozialer Dienstleistungen verdeutlichte, dass es Personen gibt, die nicht über die Angebote der Seniorenberatung für das Alter informiert sind und somit nicht über einen Zugang zur Seniorenberatung verfügen. Dieser zurückgezogene Lebensalltag traf auf rund 40 Prozent der älteren Bevölkerung in Ehrenfeld zu. Die Erhebungen ergaben aber auch, dass es darunter Personen gibt, die im Stadtteil in unterschiedlichen Gelegenheiten kommunikative Kontakte haben. Vor diesem Hintergrund wurden als Bedarfs- und Zielgruppe Personen definiert, die nicht über infrastrukturelle Angebote der Altenhilfe informiert sind, jedoch in Läden und Dienstleistungseinrichtungen im Sozialraum kommunizieren und somit über diese Alltagskontakte erreichbar sind. Der Typ des „zurückgezogenen älteren Menschen" wurde an seiner geringen Informiertheit über die Angebote der Altenhilfe festgemacht. Die Erhebungen brachten an den Tag, dass drei Viertel davon über Kommunikation am Leben im öffentlichen Raum teilhaben. Überdurchschnittlich häufig kommen darunter Personen ausländischer Nationalität, Personen ohne Berufsabschluss und Haushalte mit einem sehr geringen Einkommen vor. Dass diese Gruppe älterer Menschen bei alltäglichen Besorgungen im Sozialraum Alltagskontakte pflegt, kann als grundlegendes Kontakt- und Teilhabebedürfnis interpretiert werden.

Um in den Sachverhalt tiefer einzudringen, werden Profile von Muster-Personen als so genannte Persona entworfen (vgl. Übersicht 2-1).

Übersicht 2-1 Persona-Beispiele

Frau Müller, 79 Jahre, ...
lebt zurückgezogen in einer 2-Zimmer-Wohnung in einem 1970er-Jahre-Bestand eines großen Wohnungsunternehmens in Köln-Ehrenfeld.
hat nur einen schwachen Verwandtschaftskontakt zu einer Tochter in Hamburg – ihre Geschwister und Cousinen sind bereits verstorben.
kennt keine der meist jüngeren Nachbarinnen und Nachbarn näher.
verlässt die Wohnung nur noch, um Besorgungen und Arztbesuche zu erledigen.
hat zu einigen Dienstleistern wie der Hausärztin, einer Apothekerin, ihrer Friseurin und einer Verkäuferin in der Bäckerei ein vertrauensvolles Verhältnis und sucht regelmäßig das Gespräch mit ihnen.
zeigt kein Interesse an Angeboten der Altenhilfe im Stadtteil und kennt daher auch nicht das aktuelle Angebotsprofil.

Herr Atalay, 70 Jahre, ...
lebt zurückgezogen in einer 2-Zimmer-Wohnung in einem Altbau eines Einzelvermieters in Köln-Ehrenfeld.
hat starke Verwandtschaftskontakte zu den Familien von Söhnen und Töchtern in Köln Kalk.
kennt keine der Nachbarinnen und Nachbarn im Haus näher.
verlässt die Wohnung, um Besorgungen zu erledigen und Landsleute in einem Moscheeverein zu treffen.
hat zu einigen Dienstleistern wie einem türkisch sprechenden Hausarzt, einem türkischen Gemüsehändler und dem Inhaber eines türkischen Supermarkts ein vertrauensvolles Verhältnis und führt regelmäßig Gespräche mit ihnen.
hat keine Vorstellung von den Angeboten der Altenhilfe im Stadtteil.

Anwendungsschritt 3: Nach der Durchdringung des Problemzusammenhangs und der Identifizierung von Bedürfnisstrukturen des größten Teils der zurückgezogen lebenden Menschen, wurde die Perspektive für die Suche nach Lösungen bestimmt. Vor diesem Hintergrund wurde die Frage abgeleitet: Wie könnten wir das diagnostizierte strukturelle Loch zwischen den zurückgezogen lebenden älteren Menschen und der Seniorenberatung schließen? Wie könnten wir die soziale Teilhabe dieser Menschen an den Ressourcen des Quartiers erweitern?

Anwendungsschritt 4: In der Phase der Ideenfindung schälten sich Netzwerklösungen heraus, wie das strukturelle Loch geschlossen werden kann. Im Fokus der Lösungsideen stand eine indirekte Interaktion mit den Zurückgezogenen über ihre alltäglichen Kontaktpersonen. Die natürlichen Kontaktpunkte von zurückgezogen lebenden älteren Menschen im Wohnquartier sollen als Brücke für den Austausch von Informationen und Leistungen gewonnen und kontraktlich gebunden werden, um auf diesem Weg im Sozialraum des Wohnquartiers und Stadtteils mehr Teilhabechancen zu eröffnen und Möglichkeiten zu einer selbstbestimmten Gestaltung des Alters zu vermitteln (vgl. Abb. 2-1).

Beispiel einer Netzwerklösung mit Network Design Thinking 37

Abbildung 2-1 Lösungsidee der indirekten Interaktion mit zurückgezogen lebenden älteren Menschen über alltägliche Kontaktpersonen als Vermittler

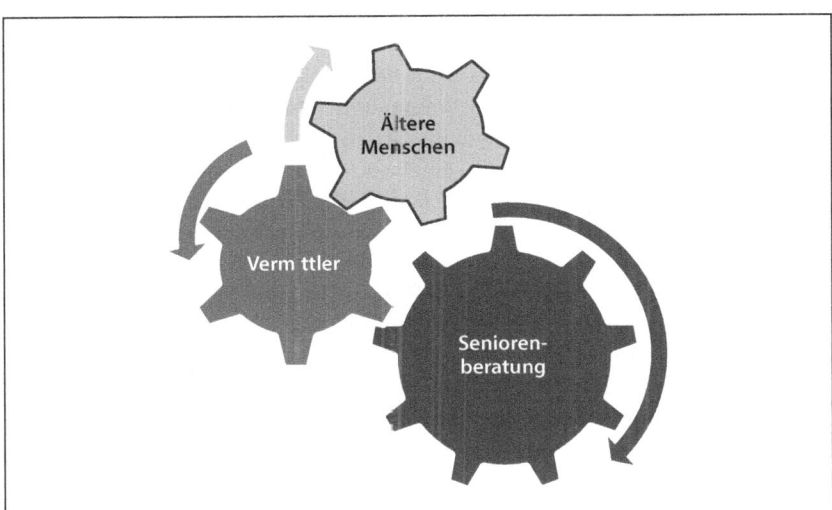

Eigene Darstellung

Ein Schlüssel war die interdisziplinäre Zusammensetzung des Teams: Im Austausch zwischen älteren Menschen, Fachkräften der Kommunalverwaltung, Fachkräften der Sozialen Arbeit, Forschenden der Sozialwissenschaften und Ingenieurwissenschaften wurden geeignete Lösungen gefunden und visualisiert. Ob die Lösungen machbar, durchführbar und bedürfnisgerecht waren, wurde in Szenarios reflektiert und mit der Storyboard-Methode anhand der Persona-Profile durchgespielt.

Anwendungsschritt 5: Neue Organisationsmuster in einem städtischen Sozialraum als Netzwerk zu konzipieren und in einem Prototyp darzustellen, ist relativ schwierig. Aber auf der Grundlage der Visualisierung wurde die tragfähige Idee als konzeptioneller Prototyp greifbar. Es wurde ein innovatives kommunikatives Infrastrukturmodell der kommunalen Altenhilfe gestaltet. Die Ressourcen im Sozialraum des Stadtteils Ehrenfeld, die als alltägliche Bezugspunkte von zurückgezogen lebenden Älteren aufgesucht werden, reichen von der Kirchengemeinde und lokale Vereine über die Hausärzte und Läden wie Apotheke, Bäckerei oder Drogerie bis hin zu Dienstleistungsagenturen wie Fußpflege, Friseursalon, Reinigungskräfte und Post- und Paketzustellung. Der entwickelte Prototyp bestand darin, dass diese Ressourcen als Vermittler Informationen über die Seniorenberatung an diejenigen älteren Menschen im Quartier geben, die bisher kaum erreichbar sind.

Die Vermittler fungieren quasi als kommunikative Infrastruktur, was eine stärkere Öffnung von Akteuren im Wohnquartier für die Fragen des Alters bedeutet. Die Akteure werden als Ressourcen in einer Netzwerkform verknüpft, um über sie als informelle Kontaktgelegenheiten, die im Alltagsleben älterer Menschen eine sozialräumliche Bedeutung haben, Zugang zu einem großen Teil der zurückgezogen lebenden älteren Menschen im Quartier zu gewinnen. Im Rahmen einer angemessenen Kommunikationsstrategie werden die älteren Menschen in ihrem Wirkungskreis über diese Kontaktpunkte regelmäßig informiert und mit Materialien ausgestattet, um sie dadurch kulturell in den Alltag der lokalen Stadtgesellschaft zurück zu beziehen.

Die Vermittlungsidee zur Wiederverkoppelung der Lebenswelten und infrastrukturellen Systemwelten wurde mit der Methode des Visual Thinking dargestellt und als Prototyp ausgearbeitet: Das strukturelle Loch zwischen den Clustern der älteren Menschen in ihren Alltagsbeziehungen und den professionellen Diensten der Altenhilfe wurde über sozialräumliche Verbindungen zu intermediären Stadtteilakteuren geschlossen, über die neue Informationen in die Beziehungskreise der älteren Menschen eingebracht werden können (vgl. Abb. 2-2 und 2-3).

Anwendungsschritt 6: Im Zeitraum von September 2012 bis April 2013 wurde der entwickelte Prototyp (vgl. Abb. 2-4) in einem Praxistest mit Adressatinnen und Adressaten vor Ort auf seine Machbarkeit und Praktikabilität hin überprüft. Insgesamt wären 403 Orte und Gelegenheiten im Stadtteil Ehrenfeld für die Kommunikation mit zurückgezogen lebenden älteren Menschen in Frage gekommen – daher musste eine Auswahl getroffen werden. An der Erprobung nahmen 9 Vermittler teil; beteiligt waren 2 Arztpraxen, 2 Apotheken, ein Friseurgeschäft, ein Einzelhandelsgeschäft, eine Bäckereifiliale, eine Gaststätte und ein Kiosk. Im Rahmen der Gespräche mit älteren Menschen wurde bei Bedarf eine Informationskarte kommentiert übergeben, die über die Ansprechpartnerinnen der Seniorenberatung (als zentraler Anlaufpunkt des lokalen Altenhilfesystems in Köln) informiert. Die Vermittlung von Informationen erfolgte durch Mitarbeiterinnen und Mitarbeiter in den Gelegenheiten, die über eine Einführung Kenntnisse über die Beratungsleistungen erlangt und zu den Seniorenberaterinnen des Quartiers eine persönliche Beziehung hergestellt hatten.

Im Praxistest wurde deutlich, dass Hausärzte und Apotheken sowie einzelne Bäckereien, Friseurläden und gastronomische Betriebe ein großes Potenzial zur

Beispiel einer Netzwerklösung mit Network Design Thinking   39

Abbildung 2-2 Das diagnostizierte strukturelle Loch zwischen älteren Menschen und Diensten der kommunalen Seniorenberatung

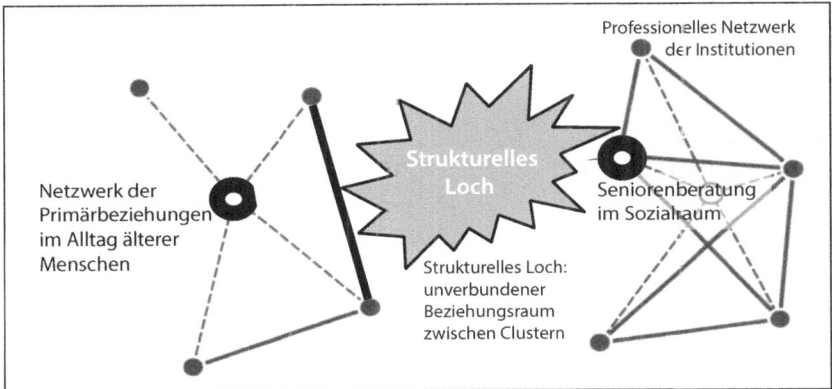

Quelle der Basisgrafik: Hennig et al. (2012), Studying Social Networks, S. 131, verändert nach Schubert et al. 2014, S. 48

Abbildung 2-3 Überbrückungsidee einer Vermittlung zwischen älteren Menschen und der Seniorenberatung durch intermediäre Instanzen im Sozialraum

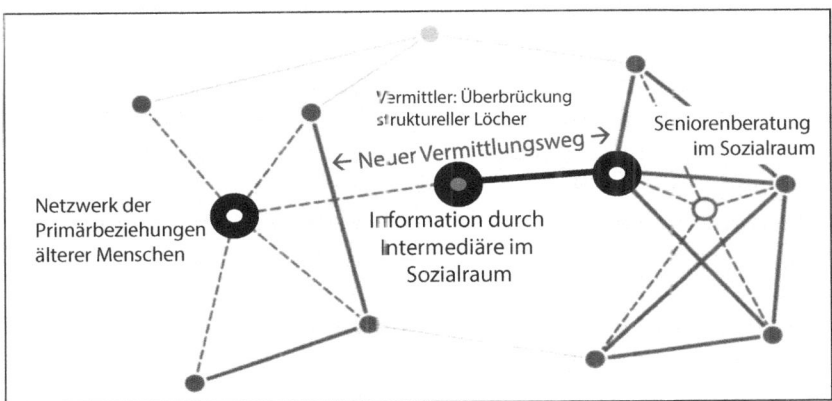

Quelle der Basisgrafik: Hennig et al. (2012), Studying Social Networks, S. 131, verändert nach Schubert et al. 2014, S. 49

Abbildung 2-4 Prototyp des Vermittlungsmodells

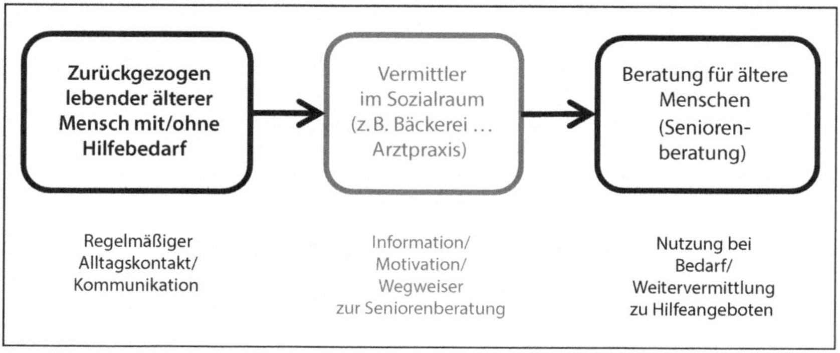

Zurückgezogen lebender älterer Mensch mit/ohne Hilfebedarf
Vermittler im Sozialraum (z. B. Bäckerei … Arztpraxis)
Beratung für ältere Menschen (Senioren-beratung)
Regelmäßiger Alltagskontakt/ Kommunikation
Information/ Motivation/ Wegweiser zur Seniorenberatung
Nutzung bei Bedarf/ Weitervermittlung zu Hilfeangeboten

Quelle: Schubert et al. 2014, S. 162

Abbildung 2-5 Ermittelter Nutzen des Prototyps einer Vermittlung im sozialräumlichen Alltag

Ärztinnen, Ärzte
Information und Kontaktvermittlung (Intermediäre Seniorenberatung)
Input
Output
(A) Zusätzliche Information
(B) Vermittlung zur Seniorenberatung
Stärkung der älteren Menschen
Orientierung für das Nachfrageverhalten
Stärkung sozialräumlicher Netzwerke
Prävention durch Verbreitung von Informationen
Outcome I: Information
Outcome II: Vermittlung
z. B. Ermöglichung des häuslichen Verbleibs
z. B. Steigerung der Lebensqualität und Zufriedenheit
Handel, Dienstleister

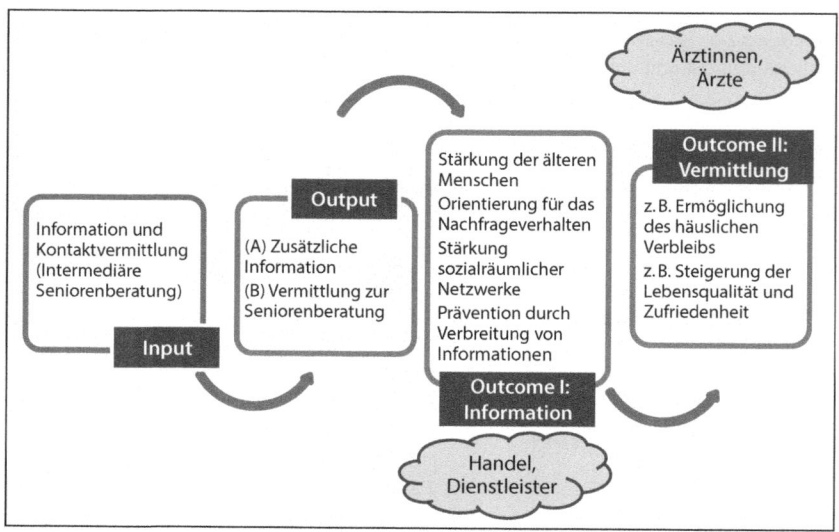

Quelle: Schubert et al. 2014, S. 168

Übergabe von Informationen in persönlichen Gesprächen aufweisen. Ein eher mittleres Vermittlungspotenzial haben Freizeitangebote, Metzgereien, Bäckereien, Lebensmittelläden, Kioske und Buchhandlungen und ein sehr geringes Potenzial Supermärkte und Postfilialen.

Auf der Basis des Praxistests wurde die Sozialrendite des Infrastrukturmodells – nach der Methode des SROI (social return on investment) auf ein durchschnittliches Jahr bezogen – berechnet, indem der Wert der Leistungen mit dem Wert ihres Nutzens in Beziehung wurde (vgl. Schubert et al. 2014, S. 165 ff.). Die Sozialrendite wurde nach drei Dimensionen gegliedert: (a) die Ermittlung des Outputs in der Form von Leistungen (b) die Berechnung und Bewertung des dafür notwendigen Aufwands (Input) und (c) der dadurch entstehende Nutzen (Outcome). Die Nutzenberechnung wurde auf die messbare Entlastung durch den häuslichen Verbleib fokussiert: Über die Vermittler, die mit älteren Menschen in einem Alltagskontakt stehen, wurden Personen informiert, die bisher nicht erreicht werden konnten, womit unter anderem ein längerer Verbleib im häuslichen Umfeld ermöglicht und eine stationäre Unterbringung vermieden wird. Aufgrund der höheren Kosten einer stationären Unterbringung und deren tendenziell negativen Auswirkungen auf die Lebensqualität wurde vermutet, dass die durch die Vermittlung zusätzlich generierten Beratungen eine positive Sozialrendite generieren (vgl. Abb. 2-5).

Der SROI-Index betrug 3,3 – d. h. pro geleistetem 1 € wurde im Praxistest ein Nutzen im Wert von 3,30 € generiert. Die Kommune ist dabei der kostenmäßig am stärksten be- und zugleich am stärksten entlastete Stakeholder. Denn die Kommune trägt im Wesentlichen die Kosten der Informations- und Vermittlungsinfrastruktur; dabei entfallen Kosten für den Koordinationsaufwand sowie für die Leistungen der von freien Trägern erbrachte Seniorenberatung. Die Kommune profitiert in besonderer Weise von der Vermeidung der Heimunterbringung, denn sie müsste sich in erheblichem Umfang an diesen Kosten beteiligen. Da die Pflegesätze für die ambulante Versorgung deutlich niedriger sind als für die stationäre, ergibt sich auch für die Pflegekassen eine deutliche jährliche Kosteneinsparung.

Im Ergebnis konnte die Infrastrukturversorgung zurückgezogen lebender Menschen verbessert werden, indem sie über den innovativen Weg neuer Formen der Kommunikation bei alltäglichen Kontaktpunkte im Sozialraum erreicht werden. Dadurch, dass die neuen Akteure in das System der lokalen Altenhilfe eingebunden wurden, ließ sich im sozialräumlichen Zusammenspiel mit den bisherigen Trägern sozialer Leistungen eine höhere Vernetzungsqualität erreichen.

Das beschriebene Beispiel veranschaulicht, dass soziale Innovationen durch das Design organisierter Netzwerke entwickelt werden können, deren Netzfigur sich an Nutzerinteressen und Nutzerbedürfnissen orientiert. Zu bedeutenden Innovationen gelangt das Netzwerkdesign nur, wenn herausgefunden wird, was die Adressatinnen und Adressaten tatsächlich brauchen. Empathie war der entscheidende Hebel, um die erforderliche Inspiration zu erhalten. Als zentrales Prinzip des nutzerorientierten Netzwerkdesigns kommt es darauf an, sich in die Adressatin und den Adressaten hineinzuversetzen (vgl. Kelley und Kelley 2014, S. 91). Dennoch muss im Netzwerkdesign die Perspektive fundamental verschoben werden, denn im Fokus darf nicht allein der einzelne alte bedürftige Mensch stehen, sondern vor allem seine soziale Einbettung.

Die wichtigsten Aspekte:
1) Die Grundlagen des Netzwerkmanagements in der Sozialwirtschaft bilden der Sinn, die Kultur, das Systemverständnis und das Design von organisierten Netzwerken.
2) Das Netzwerkmanagement muss dafür sorgen, dass dem interorganisationalen Handeln der Akteure ein Sinn verliehen wird. Der Sinnkern eines organisierten Netzwerks wird von der Frage bestimmt: Warum soll das Netzwerk aufgebaut und organisiert werden? Was ist der Sinn der zu generierenden Beziehungen?
3) Für Netzwerke Frühe Hilfen nach dem Bundeskinderschutzgesetz (BKiSchG) lässt sich zeigen, dass die Prävention in diesem Beispiel den sinngebenden Kontext bildet. Die primäre Prävention zielt darauf, die Kinder und Eltern durch Aufklärung, Anleitung und Beratung zu befähigen, die Erziehung und das Familienleben selbst zu regulieren, damit kritischen Entwicklungen vorgebeugt werden kann und die Biographie der Kinder einen positiven Verlauf nimmt. Die sekundäre Prävention erfolgt demgegenüber zu einem Zeitpunkt, an dem sich ein krisenhafter Entwicklungsverlauf als wahrscheinlich abzeichnet und der Eintritt ungünstiger Bedingungen für ein Kind (und seine Eltern) vermieden werden kann.
4) Durch das kontinuierliche Zusammenwirken der Beteiligten wird in den Beziehungen auch eine gemeinsame Kultur ausgebildet. Ausgehandelt wird nicht nur die Struktur des Beziehungsgeflechts, sondern es werden in den Situationen, in denen die Beziehungen des Netzwerks wirksam sind, auch gemeinsame Interpretationen vereinbart und eine gemeinsame Symbolik entwickelt.
5) Die Kultur in organisierten Netzwerken wird durch das Verhalten und das direkte Erleben in den Situationen und Ereignissen der Verknüpfung übertragen. Eine wichtige Rolle spielt das Narrativ der erzählten Geschichte über das Netzwerk, das durch Kommunikation innerhalb und außerhalb des Netzwerks vermittelt wird.
6) Wenn ein organisiertes Netzwerk ein Außengrenze definiert, also eine abgeschlossene Struktur herausbildet und die beteiligten Akteure in der kontinu-

ierlichen Interaktion untereinander eine eigene Identität entwickeln, dann repräsentiert es einen Systemzusammenhang. Ein organisiertes Netzwerk in der Sozialwirtschaft, das versäulte Funktionssysteme so miteinander verbindet, dass die Eigenlogiken der Teilsysteme anschlussfähig werden, kann daher als System aufgefasst werden. Ein lebensweltliches Netzwerk besteht demgegenüber eher aus unabgeschlossenen Strukturen dyadischer Sozialbeziehungen und weist daher nicht den Charakter eines sozialen Systems auf.

7) Ein organisiertes Netzwerk verfügt über drei Systemreferenzen: zuerst die Beziehungen zum umfassenden Gesamtsystem in der Gemeinde oder Region (Gesamtvernetzung), dann die Beziehung zu anderen Beziehungsclustern (Interaktion zwischen Netzwerken) und drittens die Beziehung zu sich selbst (interorganisationale Binnenvernetzung).

8) Die Gestaltung eines organisierten Netzwerkes bezieht sich im Wesentlichen auf die Verbindung zuvor unverbundener Akteure und auf ein effizientes sowie effektives Zusammenwirken. Unter der Gestaltungsperspektive stellt Design ein zentrales Element der Identitätsformation eines organisierten Netzwerkes dar. Für die Gestaltung organisierter Netzwerke eignet sich die – aus dem „Design Thinking" abgeleitete – Methode des Network Design Thinking. In der Iteration von Verstehen, Beobachten, Sichtweisen definieren, Ideen finden, Prototypen entwickeln und Testen schälen sich Netzwerklösungen heraus.

9) Im Blickpunkt des Design Thinking stehen die Machbarkeit, die Durchführbarkeit und die soziale Erwünschtheit von Gestaltungen eines Netzwerks: Bei der Machbarkeit geht es darum, was aktuell funktional möglich ist; bei der Durchführbarkeit wird vor allem darauf geachtet, ob sich eine Lösung (sozial-)wirtschaftlich angemessen realisieren lässt; und bei der sozialen Erwünschtheit wird gefragt, ob die Lösung aus der Perspektive der Adressatinnen und Adressaten Sinn macht, d. h. ob deren Bedürfnisse erfüllt werden. Das gilt in gewissem Sinn auch für die Perspektive der an der Vernetzung beteiligten Akteure.

10) An einem Beispiel wurde veranschaulicht, dass soziale Innovationen durch das Design organisierter Netzwerke entwickelt werden können, deren Netzfigur sich an Nutzerinteressen und Nutzerbedürfnissen orientiert. Solche neuen Organisationsmuster als Netzwerk zu konzipieren und in einem Prototyp darzustellen, ist relativ schwierig. Auf der Grundlage von Visualisierungen werden die Ideen als konzeptionelle Prototypen aber greifbar. Und in einem Praxistest kann der entwickelte Prototyp auf seine Machbarkeit und Praktikabilität hin überprüft werden.

Literaturempfehlungen zur Vertiefung

Exemplarisch können die Sinnfindung, der Systemcharakter, das Design und die Kultur eines organisierten Netzwerks mit folgenden Literaturempfehlungen vertieft werden:

Lewrick, M., Link, P., & Leifer, L. (Hrsg.) (2017). *Das Design Thinking Playbook*. München: Vahlen Verlag.

Luhmann, N. (2004). *Einführung in die Systemtheorie*. 2. Auflage, Heidelberg: Carl Auer.

Schubert, H., Leitner, S., Veil, K., & Vukoman, M. (2014). *Öffnung des Wohnquartiers für das Alter. Entwicklung einer kommunikativen Informationsinfrastruktur zur Überbrückung struktureller Löcher im Sozialraum*. Köln: Verlag Sozial • Raum • Management.

Stegbauer, C. (2016). *Grundlagen der Netzwerkforschung. Situation, Mikronetzwerke und Kultur*. Wiesbaden: Springer VS.

Anregungen für praxisbezogene Reflexionen

Reflektieren Sie am Beispiel des Netzwerks Frühe Hilfen nach dem Bundeskinderschutzgesetz aus Ihrer Stadt oder Ihrem regionalen (Land-)Kreis die drei Systemreferenzen: Welche exemplarischen Beziehungen hat das Netzwerk zum umfassenden Gesamtsystem in der Stadt oder Region? Was kennzeichnet die Beziehungen zu anderen Netzwerken (z. B. Bildungslandschaft, Netzwerk zur Armutsbekämpfung u. ä.)? Und was macht das System der interorganisationalen Binnenvernetzung aus?

Übertragen Sie die Sinnfrage auf ein Ihnen bekanntes organisiertes Netzwerk. Warum wird das Netzwerk organisiert? Was macht den Sinn der durch das Netzwerk erzeugten Beziehungen zwischen den beteiligten Akteuren aus?

Sie haben die fiktive Aufgabe, ein lokales Netzwerk aufzubauen! Suchen Sie sich einen exemplarischen Netzwerkgegenstand und wenden Sie die Methode des Network Design Thinking an. Gehen Sie die einzelnen Iterationsschritte von Verstehen, Beobachten, Sichtweisen definieren, Ideen finden, Prototypen entwickeln und Testen durch. Was genau unternehmen Sie in jedem einzelnen Schritt? Berücksichtigen Sie dabei im Besonderen die Machbarkeit, die Durchführbarkeit und die soziale Erwünschtheit Ihres organisierten Netzwerks.

Für die Kultur in dem von Ihnen designten Netzwerk spielen Narrative wichtige Rolle: Welche Geschichte sollte über Ihr organisiertes Netzwerk innerhalb und außerhalb des Netzwerks erzählt werden? Schreiben Sie die Story auf.

Literatur

Baecker, D. (1999). *Organisation als System*. Frankfurt am Main: Suhrkamp.
Baecker, D. (2003). *Organisation und Management*. Frankfurt am Main: Suhrkamp.
Baecker, D. (2007). *Studien zur nächsten Gesellschaft*. Frankfurt am Main: Suhrkamp.
Becker, T., Dammer, I., Howaldt, J., Killich, S., & Loose, A. (Hrsg.) (2007). *Netzwerkmanagement. Mit Kooperation zum Unternehmenserfolg*. 2. Auflage, Berlin, Heidelberg, New York: Springer Verlag.
Brown, T. (2009). *Change by Design. How Design Thinking Transforms Organizations and Inspires Innovation*. New York: Harper Collins Publishers.
Castells, M. (2001). *Die Netzwerkgesellschaft. Das Informationszeitalter I*. Opladen: Leske + Budrich.
Erbeldinger, J., & Ramge, T. (2015). *Durch die Decke denken. Design Thinking in der Praxis*. 3. Auflage, München: Redline Verlag.
Esser, H. (2001). *Soziologie. Spezielle Grundlagen. Band 6: Sinn und Kultur*. Frankfurt am Main: Campus.
Fuhse, J. (2016). *Soziale Netzwerke. Konzepte und Forschungsmethoden*. Konstanz und München: UVK.
Fuhse, J. (2010). Menschenbild. In C. Stegbauer & R. Häußling (Hrsg.), *Handbuch Netzwerkforschung* (S. 166–175). Wiesbaden: VS Verlag für Sozialwissenschaften.
Gehlen, A. (1961). *Anthropologische Forschung. Zur Selbstbegegnung und Selbstentdeckung des Menschen*. Reinbek bei Hamburg: Rowohlt.
Gehlen, A. (1977). *Urmensch und Spätkultur. Philosophische Ergebnisse und Aussagen*. 4. Auflage, Frankfurt am Main: Athenaion.
Gürtler, J., & Meyer, J. (2013). *30 Minuten Design Thinking*. Offenbach: Gabal Verlag.
Gukenbiehl, H. L. (1995). Institution und Organisation. In H. Korte & B. Schäfers (Hrsg.), *Einführung in Hauptbegriffe der Soziologie* (S. 95–110). 3. Auflage, Opladen: Leske + Budrich.
Habermas, J. (1981). *Theorie des kommunikativen Handelns. Band 2 Zur Kritik der funktionalistischen Vernunft*. Frankfurt am Main: Suhrkamp.
Häußling, R. (2010). Zum Design(-begriff) der Netzwerkgesellschaft. Design als zentrales Element der Identitätsformation in Netzwerken. In J. Fuhse & S. Mützel (Hrsg.), *Relationale Soziologie. Zur kulturellen Wende der Netzwerkforschung* (S. 137–162). Wiesbaden: VS Verlag für Sozialwissenschaften.
Hepp, A. (2010). Netzwerk und Kultur. In C. Stegbauer & R. Häußling (Hrsg.), *Handbuch Netzwerkforschung* (S. 226–234). Wiesbaden: VS Verlag für Sozialwissenschaften.
Holzer, B. (2010). Von der Beziehung zum System – und zurück? Relationale Soziologie und Systemtheorie. In J. Fuhse & S. Mützel (Hrsg.), *Relationale Soziologie. Zur kulturellen Wende der Netzwerkforschung* (S. 96–116). Wiesbaden: VS Verlag für Sozialwissenschaften.
Holzer B., & Fuhse, J. (2010). Netzwerke aus systemtheoretischer Perspektive. In C. Stegbauer & R. Häußling (Hrsg.), *Handbuch Netzwerkforschung* (S. 312–323). Wiesbaden: VS Verlag für Sozialwissenschaften.

Howaldt, J., Kopp, R., & Flocken, P. (Hrsg.) (2001). *Kooperationsverbünde und regionale Modernisierung. Theorie und Praxis der Netzwerkarbeit*. Wiesbaden: Gabler.
Kelley, D., & Kelley, T. (2014). *Kreativität und Selbstvertrauen*. Mainz: Hermann Schmidt Verlag.
Kraege, R. (1997). *Controlling strategischer Unternehmenskooperationen. Aufgaben, Instrumente und Gestaltungsempfehlungen*. Schriften zum Management, Band 9. München, Mering: Rainer Hampp Verlag.
Lewrick, M., Link, P., & Leifer, L. (Hrsg.) (2017). *Das Design Thinking Playbook*. München: Vahlen Verlag.
Luhmann, N. (1973). *Zweckbegriff und Systemrationalität. Über die Funktion von Zwecken in sozialen Systemen*. Frankfurt am Main: Suhrkamp.
Luhmann, N. (1978). Handlungstheorie und Systemtheorie. *Kölner Zeitschrift für Soziologie und Sozialpsychologie*, 30: 211–227.
Luhmann, N. (1998). *Die Gesellschaft der Gesellschaft*. 2 Bde., Frankfurt am Main: Suhrkamp.
Luhmann, N. (2004). *Einführung in die Systemtheorie*. 2. Auflage, Heidelberg: Carl Auer.
Meinel, C., Weinberg, U., & Krohn, T. (2015). *Design Thinking Live. Wie man Ideen entwickelt und Probleme löst*. Hamburg: Murmann Publishers.
Mintzberg, H., Ahlstrand, B., & Lampel, J. (1999). *Strategy Safari. Eine Reise durch die Wildnis des strategischen Managements*. Wien: Ueberreuter.
Nadler, D. A., Gerstein, M. S., & Shaw, R. B. (Hrsg.) (1992). *Organizational Architecture. Designs for Changing Organizations*. San Francisco: Jossey-Bass.
Plattner, H., Meinel, C., & Weinberg, U. (2011). *Design Thinking. Innovationen lernen – Ideenwelten öffnen*. München: mi-Wirtschaftsbuch.
Raab, J. (2010). Netzwerke und Netzwerkanalyse in der Organisationsforschung. In C. Stegbauer & R. Häußling (Hrsg.), *Handbuch Netzwerkforschung* (S. 575–586). Wiesbaden: VS Verlag für Sozialwissenschaften.
Rürup, M., Röbken, H., Emmerich, M., & Dunkake, I. (2015). *Netzwerke im Bildungswesen. Eine Einführung in ihre Analyse und Gestaltung*. Wiesbaden: Springer VS.
Schreyögg, G. (2003). *Organisation. Grundlagen moderner Organisationsgestaltung*. 4. Auflage, Wiesbaden: Gabler.
Schreyögg, G., & Sydow, J. (Hrsg.) (1999). *Managementforschung. Band 9: Führung neu gesehen*. Berlin, New York: de Gruyter.
Schubert, H. (2015). *Planung, Steuerung und Qualitätsentwicklung in Netzwerken Frühe Hilfen*. http://www.fruehehilfen.de/bundesinitiative-fruehe-hilfen/transfer/impulse-zur-netzwerkarbeit-fruehe-hilfen/prof-dr-dr-herbert-schubert/ (Zugegriffen: 25.03.2017).
Schubert, H., Leitner, S., Veil, K., & Vukoman, M. (2014). *Öffnung des Wohnquartiers für das Alter. Entwicklung einer kommunikativen Informationsinfrastruktur zur Überbrückung struktureller Löcher im Sozialraum*. Köln: Verlag Sozial • Raum • Management.
Stegbauer, C. (2016). *Grundlagen der Netzwerkforschung. Situation, Mikronetzwerke und Kultur*. Wiesbaden: Springer VS.
Weber, M. (1972). *Wirtschaft und Gesellschaft*. 5. Auflage, Tübingen: Mohr.

Weyer, J. (Hrsg.) (2011). *Soziale Netzwerke. Konzepte und Methoden der sozialwissenschaftlichen Netzwerkforschung*. 2. Auflage, München: Oldenbourg.

Willke, H. (1978). Zum Problem der Integration komplexer Sozialsysteme. Ein theoretisches Konzept. *Kölner Zeitschrift für Soziologie und Sozialpsychologie* 30: 228–252.

Windeler, A. (2001). *Unternehmungsnetzwerke. Konstitution und Strukturation*. Wiesbaden: Westdeutscher Verlag.

Strategien beim Aufbau organisierter Netzwerke

3

Zusammenfassung

Organisierte Netzwerke weisen je nach Sinnkern unterschiedliche Muster auf. Es können vier Grundarten unterschieden werden, denen spezifische Strategien zu Grunde liegen: (I) die Bündelung von Interessen, (II) der Informationsaustausch und die Informationsübertragung, (III) das Zusammenwirken in einem Dienstleistungsnetzwerk und (IV) die Überbrückung struktureller Löcher. Bei einer Interessenallianz handelt es sich um eine strategische Partnerschaft, in der die Akteure ihre Kompetenzen bündeln, um strategische Vorteile zu erzielen. Die zentrale Funktion von Informationsnetzwerken besteht im Austausch untereinander: In der Sozialwirtschaft informieren sich die Akteure in solchen Netzwerken gegenseitig über das bestehende Angebots- und Aufgabenspektrum. Im Rahmen einer zunehmenden Verflechtung können Informationsnetzwerke zu Dienstleistungs- bzw. Wertschöpfungsnetzwerken weiterentwickelt werden, weil durch den reflexiven Austausch Schlussfolgerungen für das Erbringen der Dienstleistungen gezogen werden können. Durch die – am Adressaten orientierten – Verknüpfung bestehender Angebote kann eine höhere Wertschöpfung (im pädagogischen bzw. sozialwirtschaftlichen Sinn) für die Adressaten erzielt werden. Zwischen Beziehungs-Clustern, in denen sich Interaktionsgelegenheiten regelmäßig wiederholen (z. B. am Arbeitsplatz, in der Nachbarschaft etc.) entstehen unverbundene Zonen, die als strukturelle Löcher bezeichnet werden. Ein Überbrückungsnetzwerk nutzt vermittelnde Beziehungen, um diesen beziehungsleeren oder beziehungsarmen Raum zwischen den dichteren Netzwerk-Clustern zu überbrücken.

> **Lernziel**
>
> Das Etikett des Netzwerks wird oft als allgemeines Schlagwort benutzt, das den unterschiedlichen Arten des Vernetzungszusammenhangs nicht gerecht wird. In diesem Kapitel wird deshalb eine Differenzierung vorgenommen, die transparent machen soll, wie sich die Kennzeichen von vier Grundarten organisierter Netzwerke in der Sozialwirtschaft beschreiben und unterscheiden lassen. Die Rezipientin und der Rezipient sollen dadurch in die Lage versetzt werden, die Anforderungen der Organisation eines Informationsnetzwerks, einer Interessenallianz, eines Überbrückungsnetzwerks und eines Dienstleistungsnetzwerks trennscharf voneinander abzugrenzen.

Schon seit den 1990er Jahren hat im Wirtschaftsleben ein kontinuierlicher Wandlungsprozess zu organisierten Netzwerken stattgefunden. Manuel Castells hatte diese Entwicklung als *„organisatorische Evolution"* bezeichnet, die von einem Bedeutungsgewinn der interorganisationalen Kooperation gekennzeichnet ist. In der Entwicklung der globalen Erwerbswirtschaft hat Castells drei Grundmodelle der ökonomisch ausgerichteten Netzwerkorganisation identifiziert (2001, S. 176 ff.): Er unterscheidet das *„multidirektionale Netzwerkmodell",* z. B. von kleinen und mittleren Unternehmen, die horizontal zusammenarbeiten, vom *„Modell der Lizenz- und Subunternehmensproduktion",* die unter dem Dach eines großen Konzerns zusammenwirken, und von der *„Verflechtung großer Konzerne"* im Rahmen strategischer Allianzen.

Andere Autoren beschrieben die Herausbildung neuer Formen organisierter Netzwerke: Killich hob beispielsweise die Interessengemeinschaft, den Einkaufspool, das Franchising, das Konsortium, die virtuelle Organisation und das Supply Chain Management hervor (2007, S. 13 ff.):

1) Die Form der *„Interessengemeinschaft"* wählen beispielsweise Organisationen, um gemeinsame Interessen mehrerer Organisationen zu vertreten und konzertiert durchzusetzen.

2) *„Einkaufspools"* werden in der Erwerbswirtschaft von Unternehmen gebildet, um für die Kooperationspartner durch den Verbund Synergien und Skaleneffekte (z. B. günstigere Einkaufspreise) zu erzeugen.

3) Eine weitere Form ist das *„Franchising",* bei dem Produkte und Dienstleistungen gemeinsam in einem einheitlichen (Vertriebs-)System vermarktet werden. Der Franchise-Geber und der Franchise-Nehmer arbeiten als rechtlich selbständige und unabhängige Unternehmen zusammen. Der Franchise-Ge-

ber plant und realisiert ein unternehmerisch-organisatorisches Gesamtkonzept, das Franchise-Nehmer selbständig an ihrem Standort anwenden. Dafür erhält der Franchise-Geber in der Regel einen prozentualen Anteil vom erwirtschafteten Umsatz.
4) Als weitere Form der Kooperation ist das „Konsortium" bzw. die „Arbeitsgemeinschaft" zu nennen. Unabhängige Partner gründen für eine begrenzte Dauer eine Projektgemeinschaft. Die kooperierenden Unternehmen führen gemeinsam ein Projekt durch, beispielsweise in Gestalt einer abgestimmten Integration mehrerer Gewerke bei komplexen Bauvorhaben.
5) Bei der Form der „virtuellen Organisation" handelt es sich um eine eigenständige Organisation, die in der Kooperation zwischen Organisationen institutionalisiert wird. Keiner der Partner dominiert die Vernetzung; zentrale Funktionen wie Marketing oder Service werden untereinander aufgeteilt.
6) Das „Supply Chain Management" (SCM: die logistische Steuerung der Versorgungskette bei der Produkt-/Dienstleistungsherstellung) beinhaltet die prozessorientierte Gestaltung und Lenkung der Aktivitäten eines Geschäftsprozesses. In der Kette von der Beschaffung der Rohmaterialien bis zum Verkauf der Produkte kooperieren die beteiligten Organisationen mit dem Ziel, den Wertschöpfungsprozess durch die Kooperation zu optimieren.

Solche wirtschaftlichen Netzwerke werden oft als lokale Austauschnetzwerke und als *Unternehmensnetzwerke* konzipiert, weil sie den Beteiligten in der Erwerbswirtschaft den einfacheren und schnelleren Zugang zu Informationen und anderen Ressourcen ermöglichen (vgl. Mützel 2010, S. 602).

Diese Formen lassen sich nicht unmittelbar in die *Felder der öffentlichen Daseinsvorsorge* übertragen; denn sowohl in der *Sozialwirtschaft* als auch im öffentlichen *Gesundheitswesen* als auch im *Bildungsbereich* bestehen andere Bedingungen. Exemplarisch kann das am *Programm „Lernende Regionen – Förderung von Netzwerken"* veranschaulicht werden, das vom Bundesministerium für Bildung und Forschung in den Jahren von 2001 bis 2008 durchgeführt wurde. Damals wurden insgesamt 76 regionale Netzwerke gefördert, die in einer einjährigen Planungsphase thematisch fokussierte lokale und regionale Projektideen entwickeln und im Anschluss in einer vierjährigen Durchführungsphase umsetzen sollten. Auch in den Folgejahren von 2006 bis 2008 wurden weitere Netzwerke gefördert. Folgende Schwerpunkte kristallisierten sich in den Modell-Netzwerken heraus (Rürup et al. 2015, S. 106):

1) Das unübersichtliche Feld der beruflichen Aus- und Weiterbildung – zum Beispiel in und für kleine und mittelständische Unternehmen – wurde neu orga-

nisiert, um bedarfsgerechte und maßgeschneiderte Kooperationen unter den Anbietern zu bewirken. Es wurde somit der Aufbau von *Interessenallianzen unter den Bildungsträgern* angeregt.

2) An anderen Orten wurden „Bildungsberatungsagenturen" geschaffen, die Transparenz in das bestehende Bildungsangebot bringen sollten – im Vordergrund standen dabei *der Austausch und die Übertragung von Informationen.*

3) Einen weiteren Schwerpunkt stellten unter dem Etikett der „Bildungslandschaft" interinstitutionelle Kooperationen zwischen den Fachkräften von Bildungsträgern und Bildungsinstitutionen dar, die als *abgestimmtes Dienstleistungsnetzwerk* verstanden werden können.

4) Auch das „Übergangsmanagement" gehört zu den Schwerpunktthemen – das Ziel, die Übergange zwischen einzelnen Bildungsstufen und zwischen Bildung und Beschäftigung besser zu gestalten, soll strukturelle Löcher schließen, so dass von *Überbrückungsnetzwerken* gesprochen werden kann.

Vor dem Hintergrund dieser Beispiele aus dem Bildungswesen bzw. der Bildungslandschaften werden im Folgenden *vier Strategien des Aufbaus organisierter Netzwerke* näher betrachtet: Netzwerke mit dem Ziel (1) der Bündelung von Interessen, (2) des Informationsaustausches und der Informationsübertragung, (3) des Zusammenwirkens in einem Dienstleistungsnetzwerk und mit dem Ziel (4) der Überbrückung struktureller Löcher.

3.1 Interessenallianz

Wenn Akteure der Sozialwirtschaft ihre Kompetenzen bündeln, um strategische Vorteile zu erzielen, handelt es sich um eine *strategische Partnerschaft,* die *längerfristige und vertrauensbasierte Beziehungen* zwischen den beteiligten Organisationen voraussetzt. Diese Form der Netzwerkbildung kann als Interessenallianz bezeichnet werden, aus der eine „strategischen Allianz" von Dienstleistern entstehen kann (vgl. Sydow 2001, S. 60 ff.). In der Sozialwirtschaft gibt es zahlreiche Beispiele, dass Organisationen in unterschiedlicher Trägerschaft auf einer übergeordneten Strukturebene miteinander mit dem Ziel kooperieren, um eigene Schwächen durch die Potenziale der Partner zu kompensieren und die Wettbewerbsposition zu sichern und langfristig zu verbessern. Zu Beginn geht es dabei um die Bündelung gemeinsamer Interessen, was längerfristig zu einem Wertschöpfungsnetzwerk weiterentwickelt werden kann (vgl. Übersicht 3-1).

Eine Koalition zwischen mehreren aktuellen oder potenziellen Wettbewerbern stellt beispielsweise die *Liga der Wohlfahrtsverbände* dar, zu der sich die Verbände der Freien Wohlfahrtspflege in Deutschland auf den föderalen Ebenen der

Übersicht 3-1 Beispiele aus dem Internet

„Der AWO Landesverband Bayern e.V. ist als eigenständiger Verband in einem großen Netz von starken Partnern eingebunden. Dieses Netzwerk verbindet einerseits die AWO-Vereine in Bayern wie auch ihnen nahestehende Fachverbände und -organisationen untereinander. Andererseits bringt es die gesamte AWO mit Partnerorganisationen in Kontakt, mit denen wir als AWO Landesverband Bayern e.V. zusammenarbeiten, um unserer eigenen Stimme noch mehr politisches Gewicht zu verleihen und Interessen zu bündeln."
Quelle: http://www.awo-bayern.de/ueber-uns/netzwerk/ (12.02.2017)

Das Netzwerk Offene Hochschulen ist aus einer Initiative mehrerer Hochschulen im Wettbewerb ‚Aufstieg durch Bildung: Offene Hochschulen' entstanden. „Die Ressourcen werden genutzt, um [...] Netzwerkarbeit zu leisten und Unterstützungsangebote zu entwickeln." Die Hochschulen haben globale Ziele formuliert: U.a. sollen die Interessen zur Beförderung der Nachhaltigkeit der Projekte gebündelt, die gemeinsame Bearbeitung weiterbildungsrelevanter Themen und die Dissemination von Erfahrungen und Projektergebnissen gefördert, die Anbahnung von Kooperationsprojekten unterstützt und wichtige Akteure des weiterbildenden und berufsbegleitenden Studierens in Deutschland einbezogen werden. „Das Netzwerk bündelt die Interessen der Projekte mit dem Ziel, die Nachhaltigkeit der Vorhaben zu befördern. Viele Projekte haben sich inzwischen interessiert gezeigt, am Netzwerk mitzuwirken und ihre Expertise und Bedarfe miteinander zu verknüpfen."
Quelle: https://de.netzwerk-offene-hochschulen.de/ (12.02.2017)

Länder, Kreise und Kommunen zusammengeschlossen haben. Durch die Interessenallianz kompensieren die Arbeiterwohlfahrt (AWO), der Deutsche Caritasverband (DCV), der Paritätische, das Deutsche Rote Kreuz (DRK), die Diakonie und die Zentralwohlfahrtsstelle der Juden (ZWST) ihre Schwächen und verknüpfen ihre Stärken, woraus (auf dem lokalen Sozialmarkt) gemeinsame Wettbewerbsvorteile gegenüber privatgewerblichen Trägern resultieren können

Ein anderes Beispiel sind *Kammern als berufsständische Körperschaften,* die Interessen bündeln und das Gesamtinteresse der darin organisierten Professionellen gegenüber Politik und Verwaltung sowie konkurrierenden Verbänden vertreten. Darüber hinaus können als Beispiel *Wirtschaftsförderungsgesellschaften* genannt werden, die die Interessen von lokalen oder regionalen Unternehmen gegenüber staatlichen Stellen, Verbänden und Institutionen vertreten.

Ein weiteres Beispiel bietet das *Praxisentwicklungsprojekt (PEP)* des *Landesjugendamtes Rheinland-Pfalz* in den Jahren 2013 bis 2015 (vgl. Schubert 2017, S. 285 ff.): Die Akteure der Jugendarbeit wurden fachlich qualifiziert, damit sie im Austausch mit Schlüsselpersonen der lokalen und regionalen Politik sowie der Verwaltung und einschlägigen Institutionen zur Profilierung der Jugendarbeit beitragen können – eine grundlegende Kompetenz betraf dabei auch die Netzwerkarbeit. Unter einer strategischen Perspektive wurde reflektiert, Akteure einzubeziehen, zu denen eine latente Konkurrenz besteht. Dazu musste eine Balance zwischen der Loyalität mit der eigenen Organisation und mit einer möglichen Al-

Abbildung 3-1 Entwurf und Ausbau neuer Pfade zur Bildung von Allianzen

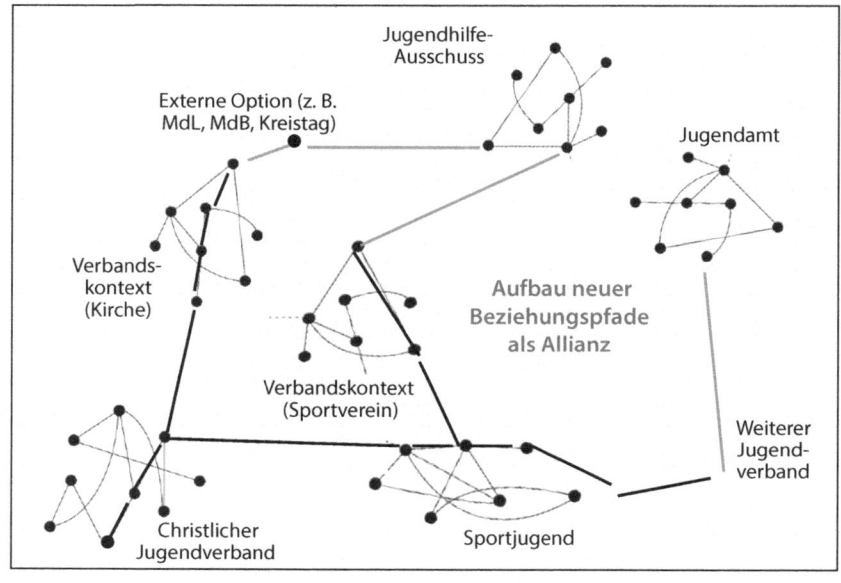

Quelle: Schubert 2017, S. 295

lianz für die Jugendarbeit – als übergreifendem Interessenverbund – gefunden werden. Die Allianz basiert auf Koalitionen von zwei oder mehreren aktuellen oder potenziellen konkurrierenden Verbänden oder Organisationen, die in einer gemeinsamen Netzwerkstrategie zur Profilierung gegenüber Schlüsselpersonen im administrativen und normativen Raum der Jugendpolitik sachlich – eventuell auch zeitlich begrenzt – zusammenarbeiten. Im Einzelfall kann die Kooperation nur von temporärem Charakter sein. Durch die Allianzbildung werden Stärken und Schwächen im Netzwerkgefüge kompensiert und der Übertragungseffekt kann verstärkt werden (vgl. Abb. 3-1). Eine interessante Strategie verfolgte beispielsweise der rheinland-pfälzische BDKJ: Die 51 Landtags- und 12 Bundestagsabgeordneten im Gebiet des Bistums Trier wurden zu Gesprächen über Jugendarbeit eingeladen. Netzwerkstrategisch sollen aus dem kontinuierlichen Kontakt interpersonelle Bindungen resultieren, die mittelfristig „politisches Sozialkapital" und ein Interessennetzwerk generieren. Auch im Aktionsplan der Sportjugend Rheinland war eine reflektierte Netzwerkstrategie zu erkennen. Es wurde ein Überblick erarbeitet, wer in welchem Jugendhilfeausschuss und Sportausschuss die Interessen der Sportjugend vertritt. Darauf aufbauend wurde dieser Personenkreis untereinander vernetzt und für die Gremienaufgaben aufgeklärt, damit die Interessen der Sportjugend koordiniert vertreten werden.

Eine ressortübergreifende Interessenallianz bildet auch die Grundlage des *Netzwerks Frühe Hilfen*, das gemäß Bundeskinderschutzgesetz vom öffentlichen Träger als professionelles Kooperationsgeflecht generiert und koordiniert werden soll. Denn sowohl die kommunalen Entscheiderinnen und Entscheider der im Rahmen der Frühen Hilfen angesprochenen Ressorts Jugend, Soziales und Gesundheit als auch die Verantwortlichen der Dienste, Einrichtungen, Anbieter und Organisationen der Hilfesysteme in diesen Feldern müssen als Voraussetzung ihre Interessen bündeln und als Promotoren ein Vorbild für die gewünschte Zusammenarbeit sein. Vernetzungsformen zur Bündelung von Interessen können daher als grundlegender Schritt des Aufbaus organisierter Netzwerke verstanden werden. Weitergehende Verflechtungen zwischen den beteiligten Akteuren lassen sich nur realisieren, wenn ihre Interessen – quasi in einem Rahmen – integriert worden sind.

3.2 Informationsnetzwerk

Mit dem *Gesetz zur Kooperation und Information im Kinderschutz* (KKG als Teil des Bundeskinderschutzgesetzes – vgl. Übersicht 3-2) wird das Ziel verfolgt, das Wohl von Kindern und Jugendlichen zu schützen und ihre körperliche, geistige und seelische Entwicklung zu fördern. Im § 2 KKG wird gefordert, Eltern sowie werdende Mütter und Väter über Leistungsangebote im örtlichen Einzugsbereich zur Beratung und Hilfe in Fragen der Schwangerschaft, Geburt und der Entwicklung des Kindes in den ersten Lebensjahren umfassend zu informieren. Als Rahmenbedingungen sollen laut § 3 KKG verbindliche Netzwerkstrukturen aufgebaut werden: Im Bereich Früher Hilfen sollen flächendeckend verbindliche Strukturen der Zusammenarbeit der zuständigen Leistungsträger und Institutionen mit dem Ziel aufgebaut und weiterentwickelt werden, dass die Akteure der Frühen Hilfen sich gegenseitig über das bestehende Angebots- und Aufgabenspektrum informieren und auf dieser Grundlage auch die jungen Familien mit den notwendigen Informationen versorgen können.

Die zentrale Funktion von Informationsnetzwerken besteht im *Austausch* untereinander: „Die gemeinsame Zielstellung von Austauschnetzwerken ist das Lernen von und miteinander, es geht also um den Austausch und die Reflexion von Erfahrungen und Konzepten" (Rürup et al. 2015, S. 93 ff.). Die zugrundeliegende Anlage der Vernetzung erfordert dafür symmetrische und nicht-hierarchische Beziehungen zwischen den beteiligten Akteuren. In einem Netzwerk Frühe Hilfen sollen sich Erzieherinnen und Erzieher, Leitungskräfte der Kindertagesbetreuung,

Hebammen, Ärztinnen und Ärzte der Kinderheilkunde und Gynäkologie, Fachkräfte der Sozialen Arbeit, die Beratungsstellen und ehrenamtlich Engagierte „auf Augenhöhe" begegnen und zu den weitgehend selbst gewählten Themen und Bedarfen austauschen.

Daneben weisen Informationsnetzwerke auch eine *Transferfunktion* auf, was der Austausch in kommunalen Bildungslandschaften belegt: „Der Transfer, d. h. die Verbreitung, von Innovationsideen in die Breite des Schulwesens, ist immer auch schon Anliegen von Austausch- und Entwicklungsnetzwerken, zumindest in den Zielstellungen der Projektträger. Die Inhalte und Ergebnisses der Arbeitsprozesse in den Netzwerken sollen möglichst anschaulich und öffentlich dokumentiert und in ihrer Anwendbarkeit und Übertragbarkeit aufgezeigt werden [...]" (ebd., S. 100 ff.).

Informationsnetzwerke entwickeln sich nicht informell wie die natürlichen Beziehungen im Alltagsleben, sondern verlangen das kompetente Management einer Infrastruktur, die den Austausch von Informationen erleichtert und fördert. Deshalb wird der Austausch im Allgemeinen über eine *zentrale Koordinierungsstelle* organisiert und strukturiert. Damit die interessierten Fachkräfte und Beteiligten aus den verschiedenen Organisationen und Institutionen auf die zu kommunizierenden Inhalte zugreifen können, werden auch technische Lösungen wie Internetplattformen und Materialsammlungen – beispielsweise in einer Dropbox oder in ähnlichen virtuellen Ordnern im Internet – bereitgestellt.

Übersicht 3-2 Das Beispiel des § 3 KKG im Wortlaut

„Rahmenbedingungen für verbindliche Netzwerkstrukturen im Kinderschutz" laut § 3 KKG:

„(1) In den Ländern werden insbesondere im Bereich Früher Hilfen flächendeckend verbindliche Strukturen der Zusammenarbeit der zuständigen Leistungsträger und Institutionen im Kinderschutz mit dem Ziel aufgebaut und weiterentwickelt, sich gegenseitig über das jeweilige Angebots- und Aufgabenspektrum zu informieren, strukturellen Fragen der Angebotsgestaltung und -entwicklung zu klären sowie Verfahren im Kinderschutz aufeinander abzustimmen. (2) In das Netzwerk sollen insbesondere Einrichtungen und Dienste der öffentlichen und freien Jugendhilfe, Einrichtungen und Dienste, mit denen Verträge nach § 75 Absatz 3 des Zwölften Buches Sozialgesetzbuch bestehen, Gesundheitsämter, Sozialämter, gemeinsame Servicestellen, Schulen, Polizei- und Ordnungsbehörden, Agenturen für Arbeit, Krankenhäuser, Sozialpädiatrische Zentren, Frühförderstellen, Beratungsstellen für soziale Problemlagen, Beratungsstellen nach den §§ 3 und 8 des Schwangerschaftskonfliktgesetzes, Einrichtungen und Dienste zur Müttergenesung sowie zum Schutz gegen Gewalt in engen sozialen Beziehungen, Familienbildungsstätten, Familiengerichte und Angehörige der Heilberufe einbezogen werden. (3) Sofern Landesrecht keine andere Regelung trifft, soll die verbindliche Zusammenarbeit im Kinderschutz als Netzwerk durch den örtlichen Träger der Jugendhilfe organisiert werden. Die Beteiligten sollen die Grundsätze für eine verbindliche Zusammenarbeit in Vereinbarungen festlegen. Auf vorhandene Strukturen soll zurückgegriffen werden."

3.3 Dienstleistungsnetzwerk

Im weiteren Prozess des Austausches können sich Informationsnetzwerke zu Dienstleistungsnetzwerken weiterentwickeln, weil durch das reflexive Lernen auch Effekte für die Dienstleistungen resultieren können, indem bestehende Angebote strukturell miteinander zu neuen Qualitäten verknüpft werden. Während der Informationsaustausch vorrangig fachlichen Interessen dient und meistens aus organisationaler Perspektive erfolgt, orientiert sich die Verknüpfung von Dienstleistungen am Gesamtnutzen für die Adressatinnen und Adressaten sowie weitergehend auch für die Kommune als Ganzes. Voraussetzung ist, dass unter den Beteiligten der verschiedenen Disziplinen und Ressorts eine offene Kooperationskultur gepflegt wird. Wenn sie bereit sind, nach dem vollständigen Informationsaustausch untereinander den Bedarf der Adressatinnen und Adressaten gemeinsam in abgestimmter Form zu erfüllen, kann die bestehende Praxis schrittweise verändert und verbessert werden.

Auch hier kann auf das kommunale *Beispiel der Netzwerke Frühe Hilfen* verwiesen werden, in deren Mittelpunkt der *„Adressatennutzen"* steht – also der Nutzen, den die Familien und Kinder von der ressortübergreifenden Kooperation von Praktikerinnen und Praktikern – etwa bei Hilfen, Beratungen und Dienstleistungen – in ihrem Alltagsleben vor Ort haben. Laut KKG – dem Gesetz zur Kooperation und Information im Kinderschutz (als Teil des Bundeskinderschutzgesetzes – vgl. Übersicht 3-2) – sollen die Eltern bei der Wahrnehmung ihres Erziehungsrechts und ihrer Erziehungsverantwortung durch die staatliche Gemeinschaft unterstützt werden. Dazu soll laut Gesetz (§ 1 KKG) ein möglichst frühzeitiges, koordiniertes und multiprofessionelles Angebot im Hinblick auf die Entwicklung von Kindern vor allem in den ersten Lebensjahren für Mütter und Väter sowie schwangere Frauen und werdende Väter vorgehalten werden – dieses Angebot sind die „Frühen Hilfen".

In § 3 (1) KKG wird die Zusammenarbeit der zuständigen Leistungsträger und Institutionen so beschrieben, dass sie sich zuerst gegenseitig über das jeweilige Angebots- und Aufgabenspektrum informieren sollen und dann auf dieser Grundlage strukturelle Fragen der Angebotsgestaltung und -entwicklung klären sollen. Dazu ist es erforderlich, dass das Informationsnetzwerk zunehmend auf das Niveau eines Kooperationsnetzwerkes angehoben wird. Mit dem Kooperationsbegriff wird unterstrichen, dass es nicht beim selbst definierten und organisierten gegenseitigen Erfahrungsaustausch bleibt, der auf Netzwerktreffen begrenzt ist. Stattdessen wird das Ziel einer „themenbezogenen Zusammenarbeit zwischen zuvor weitgehend getrennt und unabgestimmt handelnden Akteuren" verfolgt – „Ziel ist eine (verbesserte) Koordination, mitunter sogar die Ausbildung einer gemeinsamen Identität" (Rürup et al. 2015, S. 104 ff.).

Neben der Bezeichnung des Dienstleistungsnetzwerks und des Kooperationsnetzwerks ist auch der Terminus *Wertschöpfungsnetzwerk* verbreitet. Beispielhaft kann auf *Bildungsprozesse* verwiesen werden, bei denen netzwerkförmig mehrere Einrichtungen und Organisationen zusammenarbeiten, um Benachteiligungen auszugleichen. Durch diese Kooperation wird der Adressatennutzen von benachteiligten Kinder erhöht – sozusagen eine höhere Wertschöpfung im pädagogischen Sinn erzielt. Der Schlüssel dafür ist, dass zuvor isolierte Leistungen zielgerichtet zu einer Folge von logisch zusammenhängenden Aktivitäten verbunden werden. Exemplarisch kann diese Wertschöpfung anhand eines Netzwerkes veranschaulicht werden, das um eine vorschulische Einrichtung und eine Grundschule herum organisiert wird. In der nachfolgenden Grafik wird das beispielhaft an der Kombination fiktiver Inputs und Aktivitäten von Kindertagesstätte (KiTa), Grundschule und Förderzentrum als Orte der Wertschöpfung veranschaulicht (vgl. Abb. 3-2).

Die Netzakteure weisen eine unterschiedliche Charakteristik auf: An erster Stelle sind die Orte der Wertschöpfung zu nennen. Es handelt sich um die Ein-

Abbildung 3-2 Wertschöpfungsnetzwerk in der Sozialwirtschaft

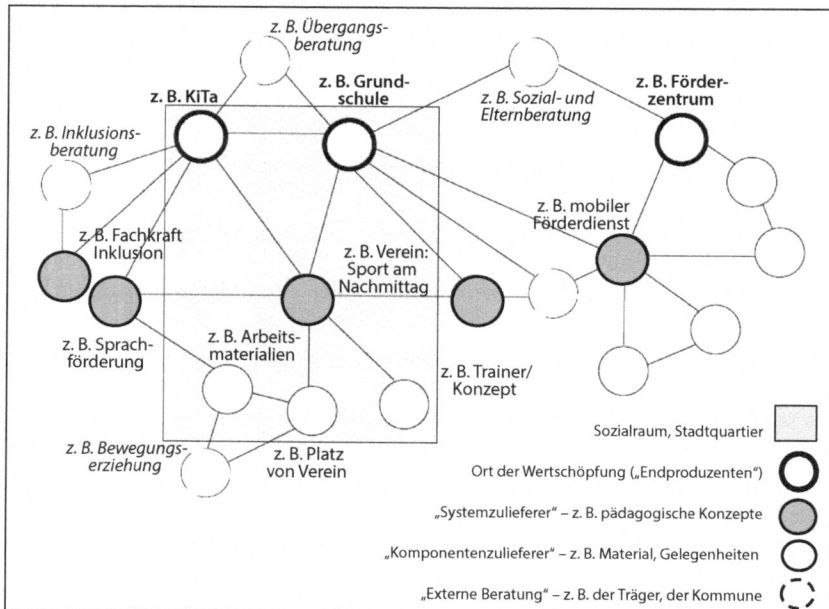

In Anlehnung an Windeler 1998, S. 1

richtungen, an denen die pädagogischen Prozesse mit den Kindern stattfinden. Sie werden unterstützt von Systemzulieferern mit pädagogischen Konzepten, die den besonderen Unterstützungsbedarf abdecken. Damit dies umgesetzt werden kann, sind Komponentenzulieferer notwendig, die das dafür erforderliche Material bzw. die Gelegenheiten bereitstellen. Schließlich gehören dem Netz noch externe Fachberatungen an, die von der Kommune, vom Träger der Einrichtung oder von Non-Profit-Organisationen eingebracht werden, um das angestrebte Zusammenwirken auf einem hohen qualitativen Niveau sicherzustellen.

In dem fiktiven Beispiel der Abb. 3-2 setzt sich das Netzwerk aus den folgenden Knoten zusammen:

- externe Übergangsberatung, wie die sozialpädagogischen Fachkräfte und das pädagogische Schulpersonal den Übergang der Kinder von der KiTa zur Grundschule erfolgreich gestalten;
- externe Inklusionsberatung und eine flexible Fachkraft für Inklusionspädagogik als Systemzulieferer, um die Integration von Kindern mit Handicap zu bewältigen;
- Sprachförderung als Systemzulieferer, um Kinder auf den sprachlichen Entwicklungsstand Gleichaltriger zu bringen;
- Verein mit Sportangeboten am Nachmittag als Systemzulieferer;
- Arbeitsmaterialien, Trainingskonzept und Sportplatz als Komponentenzulieferungen, um das Sportangebot realisieren zu können;
- externe Fachberatung zur Bewegungserziehung, um Kinder auf unterschiedlichem Entwicklungsstand sportlich angemessen fördern zu können;
- externe Sozial- und Elternberatung für die Kooperation von Grundschule und Förderzentrum;
- mobiler Förderdienst als Systemzulieferer zur Unterrichtung von Schülerinnen und Schülern mit sonderpädagogischem Förderbedarf.

Der komplexe Prozess, der vom Zusammenwirken der beteiligten Akteure erzeugt wird, führt zu einer verbesserten Wertschöpfung der Persönlichkeitsentwicklung. Die sich ergebende Wertkette gliedert alle bisher isolierten Einzelaktivitäten in einen Zusammenhang, der in der schlüssigen Verbindung voneinander abhängiger Teilprozesse effizienter, qualitätsfokussiert und wirksamer organisiert werden kann. So können Benachteiligungen und Handicaps von Kindern als Effekt der Netzwerkorganisation kompensiert werden.

Im Feld der kommunalen Daseinsvorsorge werden solche Wertschöpfungspartnerschaften meistens als *Kontraktnetzwerke* in vertikaler oder diagonaler Form vereinbart – die Zusammenarbeit zwischen einem kommunalen oder staatlichen Auftraggeber auf der strategischen Ebene (Behörde) und Anbietern von

Teilleistungen wird in den Kontrakten differenziert geregelt. Die Auftragnehmer erbringen auf der operativen Ebene – quasi als Zulieferer – die vertraglich vereinbarten Dienstleistungen konzertiert in einer abgestimmten Kette. Teilweise wird der Einbettungskontext von besonderen Agenturen – z. B. einer Koordinationsstelle – moderiert, um stabile Vertrauensbeziehungen herzustellen, die eine interinstitutionell abgestimmte Kooperation unter Konkurrenten ermöglichen.

Die Dienstleistungskooperation kann auch den Charakter eines *Projektnetzwerks* haben, das ein komplexes Vorhaben innerhalb einer zeitlichen Frist realisieren soll. Auch dieses Netzwerk basiert auf den Beziehungen der Personen, die die beteiligten Organisationen für die Abwicklung der konkreten Aufgabe zu einem interorganisatorischen Projektteam zusammenstellen, um Ressourcen wechselseitig zu kombinieren. Wenn die Akteure bereits über eine langjährige Kooperation vertraut sind, wird im Allgemeinen auf eine hierarchische Steuerung verzichtet. Die hierarchische Form wird gewählt, wenn eine fokale Koordinatorin oder fokaler Koordinator über harte Medien wie Kontrakte (Verträge) das angestrebte Ergebnis effektiv und effizient mit Methoden des Projektmanagements steuern will.

Den entscheidenden Schlüssel stellt die *Verknüpfung von Kompetenzen* dar: Wenn beispielsweise eine Hebamme, eine sozialpädagogische Fachkraft der Tagesbetreuung, eine Fachkraft des Allgemeinen Sozialen Dienstes und eine Kinderärztin die Bedarfssituation von Eltern und Kindern im Gesamtzusammenhang betrachten und ihr fachliches Handeln zur Bedarfsdeckung so koordinieren, dass – auf Grund der besonderen „Produktqualität" – eine höhere Wertschöpfung resultiert, dann haben die betroffenen Eltern und Kinder einen höheren „Nutzen", als wenn jeder fachlicher Akteur nur einen Bedarfsteil – unabhängig von den anderen Professionen – für sich leisten würde. So betrachtet profitieren beispielsweise vor allem die Kinder als Adressatinnen und Adressaten in ihrer Entwicklung vom koordinierten Dienstleistungsnetzwerk der Frühen Hilfen, aber auch ihre Eltern. Sogar die unterschiedlichen beteiligten Träger und Dienste der im Rahmen der Frühen Hilfen angesprochenen Hilfesysteme ziehen aus dem Kooperationsverbund einen Vorteil: Sie können ihre Ressourcen bündeln, ihre fachlichen Kapazitäten verknüpfen und ihr Leistungsspektrum als Teil des Handlungssystems erweitern – dadurch können Leistungen erbracht werden, zu der kein Partner allein aus eigener Kraft imstande ist (vgl. Abb. 3-3). Auf diese Art der Kooperation kann eine Organisation nur dann verzichten, wenn alle zur Zielerreichung notwendigen Ressourcen und Kompetenzen organisationsintern verfügbar sind oder eine günstige Marktsituation besteht, um fehlende Leistungen hierarchisch einzukaufen.

Abbildung 3-3 Zusammenarbeit im Dienstleistungsnetzwerk zum Nutzen der Adressatinnen und Adressaten

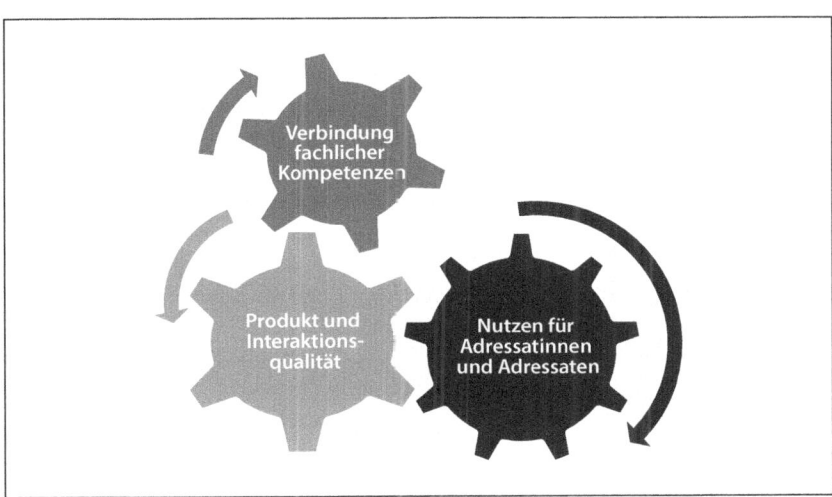

Eigene Darstellung

3.4 Überbrückungsnetzwerk

In der Folge von sich wiederholenden Interaktionsgelegenheiten am Arbeitsplatz und im Arbeitsumfeld bilden sich Cluster heraus, innerhalb derer mehr und häufiger Kommunikation stattfindet als zwischen diesen Beziehungskreisen. In diesen Figurationen entstehen ähnliche Sichtweisen und Informationsstände, aber auch Sprachregelungen und Verhaltensmuster. Mit der kontinuierlichen Institutionalisierung und Routine gelingt es kaum noch, das Wissen und die Erfahrungen zwischen den Beziehungskreisen auszutauschen. Zwischen diesen Clustern entsteht eine Zone im Netzwerk, die als strukturelles Loch bezeichnet werden kann („structural hole" nach Burt 1992). Es werden vermittelnde Beziehungen benötigt, um den unverbundenen und „leeren Raum" zwischen den Netzwerkbereichen zu überbrücken (vgl. Scheidegger 2010, S. 145). Die strukturelle Einbettung unverbundener Beziehungscluster über benachbarte oder neu „implantierte" Knoten eröffnet die Möglichkeit, zwischen den Akteuren zu vermitteln. Dies ist das Grundprinzip von Überbrückungsnetzwerken. Für die Überbrückung der strukturellen Löcher ist im Allgemeinen nicht die Beziehungsstärke ausschlaggebend, „sondern ob der Akteur aufgrund der Struktur seiner Beziehungen in der Lage ist, Akteure ohne direkte Kontakte zueinander als Vermittler zu verbinden [...]" (Mützel 2010, S. 603).

Ein Beispiel ist die Strategie des Netzwerks Frühe Hilfen in einer deutschen Großstadt, das strukturelle Loch zwischen dem Gesundheits- und Jugendhilfebereich zu überbrücken (vgl. Schubert 2015). Wegen der empirisch vielfach gesicherten Erkenntnis, dass Kinder im Säuglingsalter von einem positiven Verhalten der Mutter in der Interaktion mit dem Säugling profitieren, wurde der Fokus gerichtet auf die Zielgruppen: (1) der Schwangeren in ökonomischen und psychosozialen Belastungssituationen, (2) der Neugeborenen, Säuglingen und Kleinkindern in einer ökonomischen, psychosozialen bzw. medizinischen Risikokonstellation und (3) der Neugeborenen sowie Säuglinge mit chronischen Erkrankungen und sozialpädiatrischem Hilfebedarf. Durch sekundärpräventive Aktivitäten soll die Mutter gestärkt und zu einer fördernden Interaktion befähigt werden. Die Quote dieser Familien mit einem besonderen Unterstützungsbedarf wurde auf 15 % bis 20 % eines Geburtsjahrgangs geschätzt.

In der fachübergreifenden Reflexion der Ausgangssituation wurde festgestellt, dass zwischen dem Leistungssystem des Gesundheitswesens – wie zum Beispiel Kliniken und niedergelassenen Ärzten – und den amtsärztlichen Diensten des Gesundheitsamts sowie den Sozialdiensten der Jugendhilfe ein strukturelles Loch klafft (vgl. Abb. 3-4). Wenn junge Frauen wie etwa schwangere Teenager aus benachteiligten Milieus bei der Geburtsklinik oder in einer gynäkologischen Praxis vorstellig werden, wird dort allein auf den medizinischen Bedarf, aber kaum auf den begleitenden Unterstützungsbedarf aus der Perspektive der Kindeswohlsicherung geachtet.

Der Überbrückungsansatz verbindet daher die Fachkräfte öffentlicher und freier Träger der Kinder- und Jugendhilfe mit Akteuren des Gesundheitssystems und anderer familienbezogener Dienstleister. Durch ihr präventives Zusammenwirken soll ein Beitrag dazu geleistet werden, riskante Lebenssituationen bei Kindern und Familien sowohl in den Institutionen als auch im Sozialraum frühzeitig wahrzunehmen, zu beurteilen und geeignete Maßnahmen abzuleiten. Es wurde ein Netzwerk mit dem Ziel konstituiert, das strukturelle Loch zu schließen. Als Ergebnis dieser ressort- und handlungsfeldübergreifenden Verbindungen wurde eine Koordinationsstelle – eine sogenannte Clearingstelle – geschaffen, die kommunikative Verbindungen zwischen dem Leistungssystem Gesundheit und den Diensten des Gesundheitsamtes sowie der Jugendhilfe aufbaut, um junge Familien und Mütter, bei denen vor und nach der Geburt mit hoher Wahrscheinlichkeit ein krisenhafter Entwicklungsverlauf für das Kind und die Familie eintreten wird, möglichst früh ansprechen und unterstützend begleiten zu können (vgl. Abb. 3-5).

Beim Aufbau der „Brücke" wurden alle Verantwortungsebenen einbezogen: Auf den Ebenen der Kommunalpolitik und der Dezernate der Verwaltung wurde dafür gesorgt, dass die Koordinationsstelle eingerichtet und sowohl von der Ge-

Abbildung 3-4 Strukturelles Loch zwischen dem Gesundheits- und Jugendhilfebereich

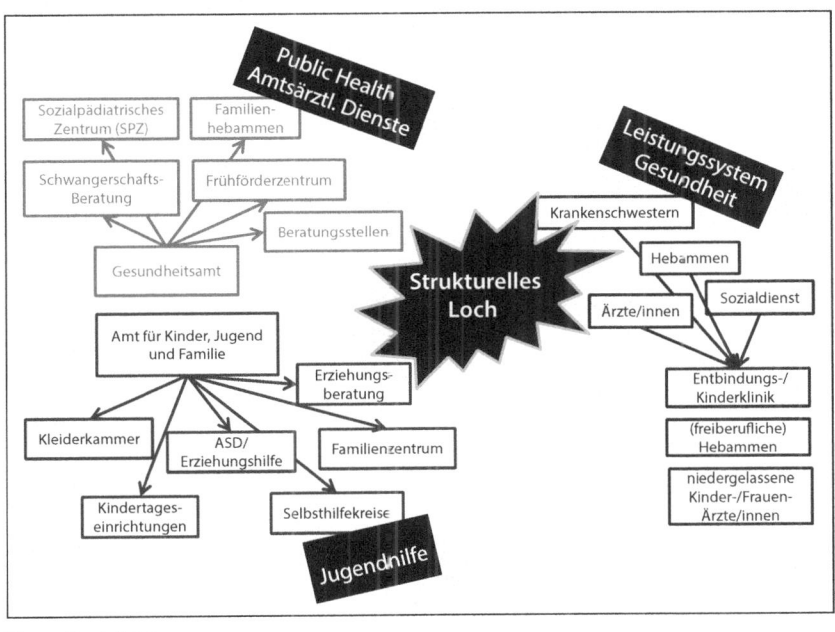

Eigene Darstellung

sundheitsbehörde als auch vom Jugendamt nachhaltig abgesichert werden konnte. Auf der Verwaltungsebene hat sich zwischen dem Gesundheits- und Jugendamt eine Vernetzung von Schlüsselpersonen herausgebildet, die mit ihrer kombinierten Fachexpertise die konzeptionellen Grundlagen für die Kooperation zwischen den Kliniken, den niedergelassenen Ärzten, den amtsärztlichen Diensten des Gesundheitsamts und den Sozialdiensten der Jugendhilfe geschaffen haben.

Die praktische Arbeit leistet das operative Handlungsnetz und nicht die Netzwerkkoordination. Allenfalls beim Aufbau der Beziehungen zu den Praxen von niedergelassenen Ärztinnen und Ärzten sowie zu Kliniken vor Ort, die junge Frauen und junge Familien mit einem offensichtlichen Förderbedarf in der medizinischen Behandlungssituation (unter Beachtung datenschutzrechtlicher Bestimmungen) auf Unterstützungs- und Begleitmöglichkeiten hinweisen, kann die Netzwerkkoordination unterstützend und begleitend mitwirken. Nach der Initiierung und Umsetzung koordinieren die Einrichtungen und Dienste des Gesundheitsamtes und der Jugendhilfe ihre Kooperation untereinander so, dass die jungen Frauen bzw. jungen Familien die präventiven Beratungen, Begleitun-

Abbildung 3-5 Überbrücken des strukturellen Lochs zwischen dem Gesundheits- und Jugendhilfebereich

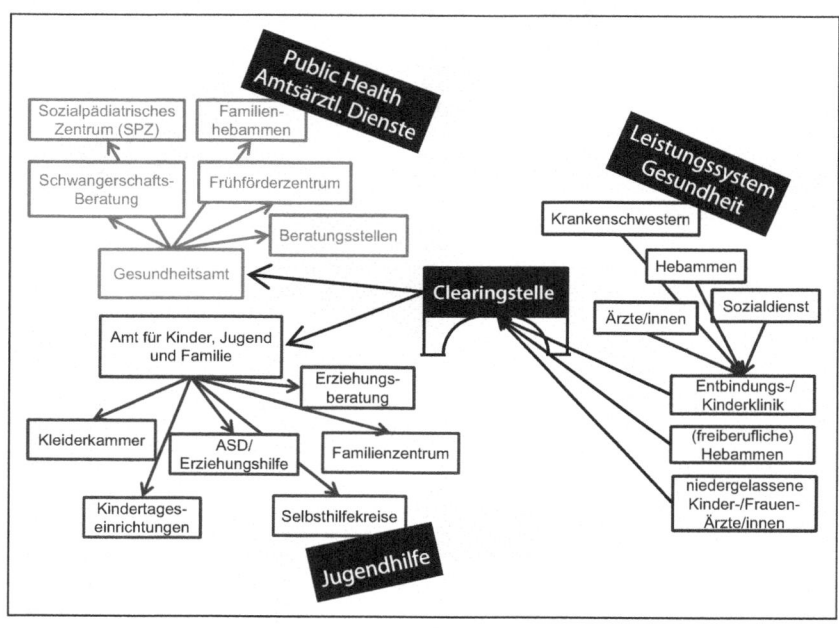

Eigene Darstellung

gen, Qualifizierungen und Hilfen bekommen, die für einen positiven Schwangerschaftsverlauf und eine am Kindeswohl orientierte Eltern-Kind-Beziehung notwendig sind. Die Verbindungen haben dann den Charakter eines Dienstleistungsnetzwerks.

3.5 Weiteres Fallbeispiel eines Überbrückungsnetzwerks

In der Sozial- und Altenhilfeplanung wird das Leitmotiv verfolgt, dass ältere Menschen möglichst lange in ihrer Wohnung und in ihrem Wohnumfeld verbleiben können sollen. Die Vernetzung vor Ort wurde daher darauf zugeschnitten. So wurde zum Beispiel das Konzept stadtteilbezogener kleinräumiger und dezentraler Altenhilfenetze mit einem Servicepunkt als Knoten entwickelt, um älteren Menschen den Zugang zu den koordinierten und abgestimmten Leistungen der Wohlfahrtsverbände, der konfessionellen Organisationen und der privaten Anbieter zu erleichtern. Allerdings ist es für einen Teil der älteren Menschen weiterhin nicht leicht, bei Bedarf die Wege in das professionelle Unterstützungssystem zu finden. Im Alltag der Sozialräume bewegen sich die älteren Bewohnerinnen und Bewohner überwiegend innerhalb des Horizonts ihrer jeweils individuellen – d. h. subjektiv wahrgenommenen – Lebenswelten und nehmen die „Welt der Institutionen" kaum wahr.

Das Fallbeispiel des *Aufbaus eines Lotsensystems in Mülheim/Ruhr* repräsentiert ein Überbrückungsnetzwerk, das die Lücke zwischen Lebens- und Systemwelten der sozialen Infrastruktur schließen soll (vgl. Schubert et al. 2016, S. 28 ff.). Im Vordergrund stand die Vermittlung zwischen der Alltagswelt der Ratsuchenden und den – zum großen Teil professionellen – Funktionssystemen in der Kommune, um die Möglichkeiten für ältere Menschen transparenter zu machen. Die neue und ergänzende Beratungs- bzw. Informationsstruktur im Sozialraum hat die Funktion einer verbindenden Brücke.

Zu den zielgruppenorientierten Leitzielen des im Folgenden skizzierten Lotsenprojekts zählt unter anderem die unkomplizierte Bereitstellung von benötigten Informationen im Beziehungsumfeld älterer Menschen, um ihnen Orientierung zu geben. Bei Bedarf soll insbesondere Kontakt zu Zielpunkten wie zum Beispiel zu sozialen Dienstleistern, Behörden, Vereinen und Initiativen hergestellt werden. Außerdem besteht ein weiteres Ziel in der bedarfsorientierten Kompensation fehlender informeller Vermittler (im Sinn von Lotsen) im persönlichen Umfeld (z. B. Angehörige) durch formelle und intermediäre Lotsen. Aufgrund der Vermittlung und Begleitung von formellen und intermediären Lotsen kann das strukturelle Loch, das zwischen der Alltagswelt der Ratsuchenden und den Funktionssystemen in Kommune diagnostiziert werden kann, geschlossen werden. Dabei geht es vor allem um die Verringerung von bestehenden Informations- und Kommunikationslücken, die Korrektur von Fehlinformationen, die Erhöhung der Informationsdichte, die Erhöhung der Weitervermittlungsquote beispielsweise an professionelle Ansprechpartner bei Behörden, Dienstleistern sowie Verbänden und die Verbesserung des sozialen Klimas im Sozialraum durch niedrigschwellige Begegnungen.

„Wegweiser", „Vermittler" und „Ansprechpartner" sind nur einige Begriffe, mit denen die Rolle einer Lotsin oder eines Lotsen umschrieben werden kann. Denn sie lotsen und vermitteln ratsuchende ältere Bürgerinnen und Bürger weiter an kompetente Ansprechpersonen und Experten in verschiedenen Handlungs- und Themengebieten. Diese Zielpersonen werden – als Gegenstück zur Lotsenrolle – als „Ankerpersonen" bezeichnet, weil sie die Antworten auf die Fragen der Ratsuchenden liefern können. Die Lotsen zeigen Wege zu den Ankerpersonen auf, über die ältere Menschen Zugänge zu den für sie bedeutsamen Informationen finden können. Auf der einen Seite stellen die Lotsen eine Verbindung zu den Lebenswelten älterer Menschen her und auf der anderen Seite repräsentieren die „Ankerpersonen" die Schnittstellen zu den jeweiligen Ressorts und Feldern, in denen die Beratungs- und Informationsbedarfe älterer Menschen gedeckt werden. Diese Brückenbeziehung zwischen Lotsen und Ankerpersonen stellt das besondere Kennzeichen des Netzwerkansatzes der Mülheimer Lotsen dar. Die Lotsenrolle fungiert dabei als „Kümmerer" für die Belange der älteren Menschen und setzt ein Netz von gepflegten Kontakten voraus, um interessierten älteren Menschen wegbegleitend zur Seite stehen zu können.

Die Lotsenfunktion können sowohl informelle Akteure im persönlichen Umfeld als auch formelle Akteure aus den professionellen Feldern als auch intermediäre Kontakte im Wohnquartier ausüben. Zu den informellen Lotsen werden beispielsweise Familienangehörige, Nachbarn oder Kollegen gezählt, die sich ehrenamtlich engagieren. Bei den formellen Akteuren handelt es sich um professionelle Kräfte im sozial- und marktwirtschaftlichen Sektor, wie beispielsweise Mitarbeiter ambulanter Pflegedienste, Pflegestützpunkte oder Seniorenberatungsstellen. Ein formeller Lotse agiert zumeist aufgrund eines abrechenbaren Arbeitsauftrags und der damit verbundenen professionellen Rolle als Vermittler oder Unterstützer. Darüber hinaus können intermediäre Lotsen unterschieden werden, zu denen ältere Menschen im Alltagsleben einen vertrauensvollen Kontakt pflegen – dazu zählen beispielsweise Ärzte, Apotheker oder Hausmeister eines Wohnungsunternehmens. Da nicht nur Akteure des informellen und formellen Netzwerks die Funktion von Lotsen übernehmen können, sondern auch intermediäre, ist das Lotsensystem dreidimensional organisiert (vgl. Abb. 3-6).

Intermediäre Akteure können eine Doppelrolle einnehmen, wie sich am Beispiel des Hausarztes zeigten lässt: Der Arzt ist primär für die medizinische Behandlung und Versorgung seines Patienten zuständig und somit ein Akteur der professionellen Netzwerkebene. Der Arzt ist für ältere Menschen jedoch häufig auch eine wichtige Vertrauensperson, wenn es um Themen der alltäglichen Lebensführung oder soziale Anliegen geht. Wenn der Arzt zusätzlich zu dem medizinischen Versorgungs- und Behandlungsbedarf Informationen vermittelt und den Patienten im Bedarfsfall an professionelle Dienste weiterleitet, handelt es sich um eine Zusatzleistung. Der Arzt übernimmt eine Lotsenfunktion und kann zwischen der Alltagswelt der Ratsuchenden und der Systemwelt der professionellen Dienste vermitteln. Dadurch kann der Arzt das strukturelle Loch, das zwischen beiden Systemebenen besteht, schließen. Aufgrund dieser zusätzlichen Leistung übernimmt der Arzt die Funktion eines intermediären Akteurs. Gleiches gilt beispielsweise auch für Fachkräfte von Apotheken, Hausmeister des vermietenden Wohnungsunternehmens oder für eine Ehrenamtliche der Kirchengemeinde.

Die Ankerpersonen repräsentieren im Lotsensystem die Schnittstellen in die verschiedenen Systeme. Für jedes Themen- und Handlungsfeld (vgl. Abb. 3-7) gibt

Weiteres Fallbeispiel eines Überbrückungsnetzwerks

Abbildung 3-6 Die Dimensionen des Lotsensystems – Beispiele

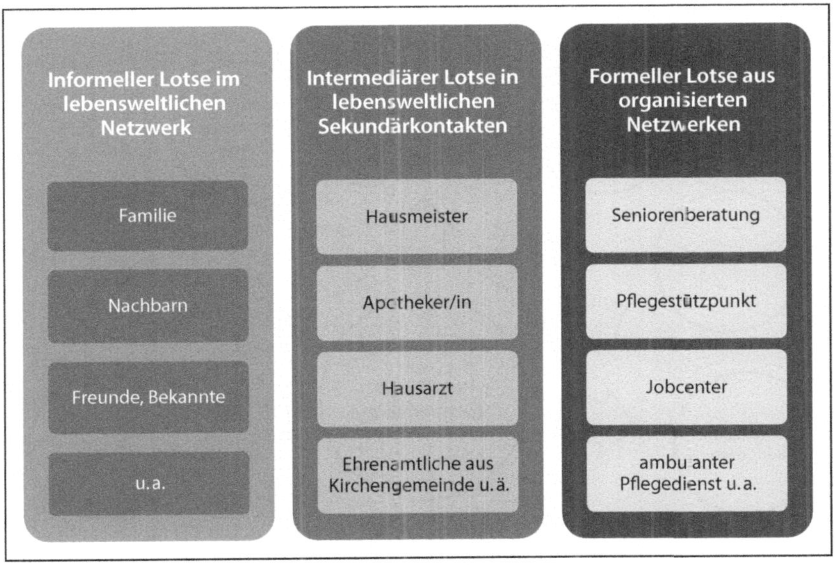

Informeller Lotse im lebensweltlichen Netzwerk	Intermediärer Lotse in lebensweltlichen Sekundärkontakten	Formeller Lotse aus organisierten Netzwerken
Familie	Hausmeister	Seniorenberatung
Nachbarn	Apotheker/in	Pflegestützpunkt
Freunde, Bekannte	Hausarzt	Jobcenter
u. a.	Ehrenamtliche aus Kirchengemeinde u. ä.	ambulanter Pflegedienst u. a.

Verändert nach Schubert et al. 2016, S. 32

es eine kompetente Expertin oder einen Experten, zu denen die Lotsen den ratsuchenden älteren Menschen weitervermitteln können. Der Akteur mit der Expertise des Themen- und Handlungsfeldes (z. B. eine Mitarbeiterin des Pflegestützpunktes) liefert Antworten auf den Beratungs- und Informationsbedarf, den ältere Menschen geäußert haben.

Die Ansprechpartnerinnen und Ansprechpartner der Themen- und Handlungsfelder („Ankerpersonen") bilden den äußeren Ring in der Netzwerkfiguration des Lotsenmodells: Während die Lotsen Anschluss an die Netze der Lebenswelt suchen, verbinden die Ankerpersonen in die jeweiligen Systemkontexte hinein. Mit der Metapher des Ankers wird unterstrichen, dass das Lotsenmodell an die verschiedenen Themen- und Handlungsfelder nur über diese Vermittler andocken bzw. Halt finden kann. Durch eine gezielte Auswahl und Einbezug von Ankerpersonen aus unterschiedlichen Themen- und Handlungsfeldern entsteht die „Ankerlandschaft" (vgl. Abbildungen 3-7 und 3-8).

Abbildung 3-7 Potenzielle Themenfelder im Lotsensystem

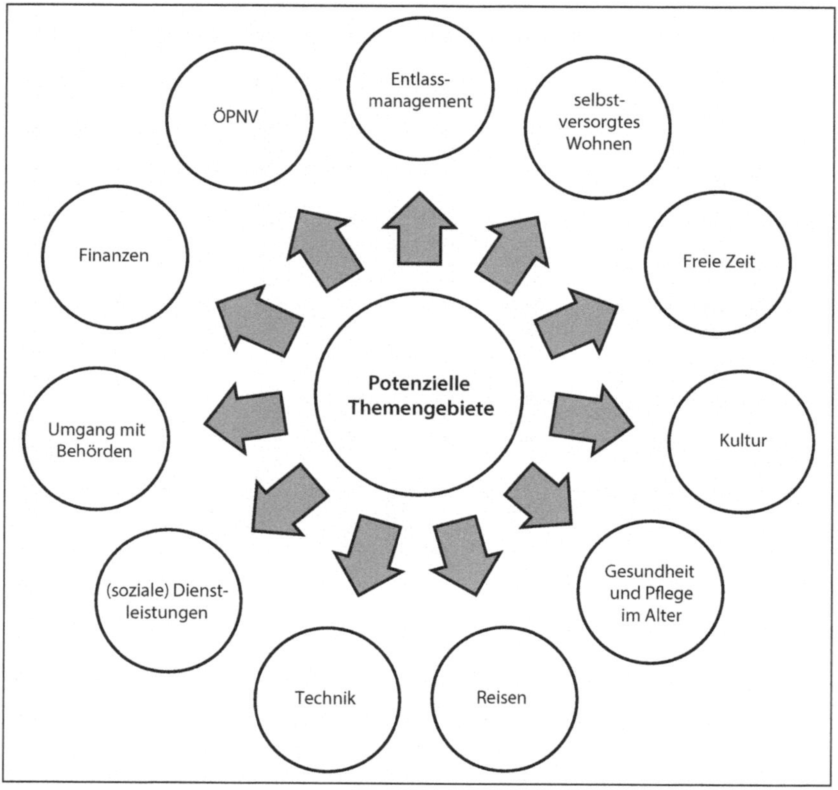

- ÖPNV
- Entlassmanagement
- selbstversorgtes Wohnen
- Finanzen
- Freie Zeit
- Umgang mit Behörden
- **Potenzielle Themengebiete**
- Kultur
- (soziale) Dienstleistungen
- Gesundheit und Pflege im Alter
- Technik
- Reisen

Quelle: Schubert et al. 2016, S. 35

Weiteres Fallbeispiel eines Überbrückungsnetzwerks

Abbildung 3-8 Ankerpersonen in den Themen- und Handlungsfeldern

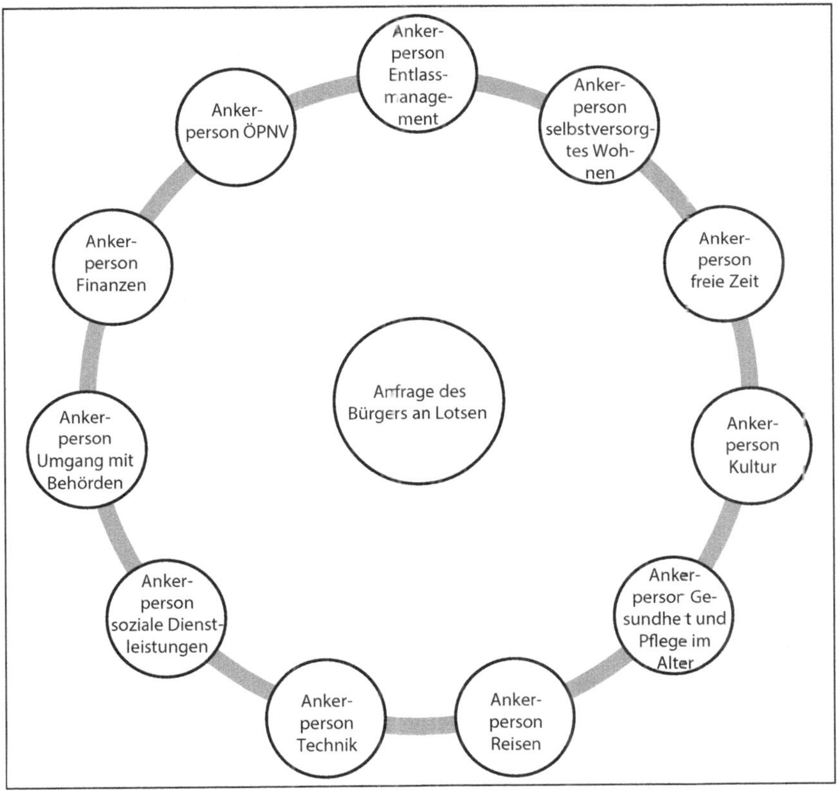

- Ankerperson Entlassmanagement
- Ankerperson ÖPNV
- Ankerperson selbstversorgtes Wohnen
- Ankerperson Finanzen
- Ankerperson freie Zeit
- Ankerperson Umgang mit Behörden
- Ankerperson Kultur
- Ankerperson soziale Dienstleistungen
- Ankerperson Gesundheit und Pflege im Alter
- Ankerperson Technik
- Ankerperson Reisen

Anfrage des Bürgers an Lotsen

Quelle: Schubert et al. 2016, S. 36

Die wichtigsten Aspekte:
1) Beim Aufbau organisierter Netzwerke werden in den meisten Fällen vier Strategien verfolgt: (I) die Bündelung von Interessen, (II) der Informationsaustausch und die Informationsübertragung, (III) das Zusammenwirken in einem Dienstleistungsnetzwerk und (IV) die Überbrückung struktureller Löcher.
2) Bei einer Interessenallianz handelt es sich um eine strategische Partnerschaft, in der die Akteure ihre Kompetenzen bündeln, um strategische Vorteile zu erzielen. Netzwerkstrategisch sollen aus der kontinuierlichen Interessenabstimmung interpersonelle Bindungen resultieren, die mittelfristig (politisches) Sozialkapital und eine Interessenkoalition generieren.
3) Auch in der Sozialwirtschaft kooperieren Organisationen in unterschiedlicher Trägerschaft miteinander, um eigene Schwächen durch die Potenziale der Partnerorganisationen zu kompensieren und die Wettbewerbsposition zu sichern und langfristig zu verbessern (z. B. die Liga der Wohlfahrtsverbände als Verbund von potenziellen Wettbewerbern).
4) Die zentrale Funktion von Informationsnetzwerken besteht im Austausch untereinander: In der Sozialwirtschaft sollen sich die Akteure gegenseitig über das bestehende Angebots- und Aufgabenspektrum informieren.
5) Informationsnetzwerke entwickeln sich nicht informell wie die natürlichen Beziehungen im Alltagsleben, sondern verlangen das kompetente Management einer Infrastruktur, die den Austausch von Informationen erleichtert und fördert. Oft wird der Austausch über eine Koordinierungsstelle strukturiert.
6) Damit die interessierten Fachkräfte und Beteiligten aus den verschiedenen Organisationen und Institutionen auf die zu kommunizierenden Inhalte zugreifen können, werden auch technische Lösungen wie Internetplattformen und virtuelle Materialsammlungen bereitgestellt.
7) Im Rahmen einer zunehmenden Verflechtung können Informationsnetzwerke zu Dienstleistungsnetzwerken weiterentwickelt werden, weil durch den reflexiven Austausch Schlussfolgerungen für das Erbringen der Dienstleistungen gezogen werden können. Bestehende Angebote werden – orientiert am Gesamtnutzen für die Adressaten und für die Kommune als Ganzes – strukturell zu neuen Qualitäten verknüpft: d. h. die sich ergebende Wertkette gliedert alle bisher isolierten Einzelaktivitäten in einen Zusammenhang, der in der schlüssigen Verbindung voneinander abhängiger Teilprozesse effizienter, qualitätsfokussiert und wirksamer organisiert werden kann.
8) Neben der Bezeichnung des Dienstleistungsnetzwerks ist auch der Terminus Wertschöpfungsnetzwerk verbreitet, wenn durch die Kooperation eine höhere Wertschöpfung (im pädagogischen bzw. sozialwirtschaftlichen Sinn) für die Adressaten erzielt wird.

9) Zwischen Beziehungs-Clustern, in denen sich Interaktionsgelegenheiten regelmäßig wiederholen (z. B. am Arbeitsplatz, in der Nachbarschaft etc.) entstehen unverbundene Zonen, die als strukturelle Löcher bezeichnet werden. Ein Überbrückungsnetzwerk nutzt vermittelnde Beziehungen, um diesen beziehungsleeren oder beziehungsarmen Raum zwischen den dichteren Netzwerk-Clustern zu überbrücken.

10) An Beispielen aus deutschen Großstädten wurde gezeigt, wie das strukturelle Loch zwischen den Fachbereichen oder zwischen den Adressaten und Fachinstitutionen überbrückt werden kann. Der Überbrückungsansatz verbindet einerseits die Fachkräfte öffentlicher und freier Träger mit Akteuren unterschiedlicher Funktionssysteme, um riskante Lebenssituationen bei den Adressatinnen und Adressaten sowohl in den Institutionen als auch im Sozialraum frühzeitig wahrnehmen, beurteilen und geeignete Maßnahmen ableiten zu können. Andererseits verknüpft er effizient ratsuchende Adressatinnen und Adressaten mit den Stellen, die den Rat geben können, über Vermittlungspersonen.

Literaturempfehlungen zur Vertiefung

Für die Literaturempfehlung werden Werke aufgeführt, die einerseits das zu Grunde liegende Prinzip der Kooperation zur Unterscheidung verschiedener Strategien der Netzwerkentwicklung vertiefen und andererseits Praxisbeispiele aus dem Bildungsbereich enthalten:

Killich, S. (2007). Formen der Unternehmenskooperation. In T. Becker et al. (Hrsg.), *Netzwerkmanagement. Mit Kooperation zum Unternehmenserfolg* (S. 13–22). 2. Auflage, Berlin, Heidelberg, New York: Springer Verlag.

Rürup, M., Röbken, H., Emmerich, M., & Dunkake, I. (2015). *Netzwerke im Bildungswesen. Eine Einführung in ihre Analyse und Gestaltung*. Wiesbaden: Springer VS.

Schubert, H. (2015). *Planung, Steuerung und Qualitätsentwicklung in Netzwerken Frühe Hilfen*. http://www.fruehehilfen.de/bundesinitiative-fruehe-hilfen/transfer/impulse-zur-netzwerkarbeit-fruehe-hilfen/prof-dr-dr-herbert-schubert/ (Zugegriffen: 25.03.2017).

Anregungen für praxisbezogene Reflexionen

Reflektieren Sie, warum ein organisiertes Netzwerk in der Sozialwirtschaft erst das Stadium des Informationsnetzwerks durchlaufen sollte, bevor es in den Modus des Dienstleistungsnetzwerks wechseln kann?

Mit welcher Vermittlungsstrategie könnten strukturelle Löcher in der öffentlichen Verwaltung überbrückt werden? Sammeln Sie Beispiele, welche Akteure den unverbundenen Raum überbrücken könnten.

Mit welcher Vermittlungsstrategie könnten strukturelle Löcher zwischen der Sozialwirtschaft und den Lebenswelten der Adressatinnen und Adressaten in der Zivilgesellschaft überbrückt werden? Sammeln Sie Beispiele, welche Personen Sie im Sozialraum als Vermittler zur Überbrückung des „leeren Raum" zu gewinnen versuchen.

Literatur

Burt, R. S. (1992). *Structural Holes. The Social Structure of Competition*. Cambridge/MA: Harvard University Press.
Castells, M. (2001). *Die Netzwerkgesellschaft. Das Informationszeitalter I*. Opladen: Leske + Budrich.
Killich, S. (2007). Formen der Unternehmenskooperation. In T. Becker et al. (Hrsg.), *Netzwerkmanagement. Mit Kooperation zum Unternehmenserfolg* (S. 13–22). 2. Auflage, Berlin, Heidelberg, New York: Springer Verlag.
Mützel, S. (2010). Netzwerkansätze in der Wirtschaftssoziologie. In J. Fuhse & S. Mützel (Hrsg.), *Relationale Soziologie. Zur kulturellen Wende der Netzwerkforschung* (S. 601–613). Wiesbaden: VS Verlag für Sozialwissenschaften.
Rürup, M., Röbken, H., Emmerich, M., & Dunkake, I. (2015). *Netzwerke im Bildungswesen. Eine Einführung in ihre Analyse und Gestaltung*. Wiesbaden: Springer VS.
Scheidegger, N. (2010). Strukturelle Löcher. In C. Stegbauer & R. Häußling (Hrsg.), *Handbuch Netzwerkforschung* (S. 145–155). Wiesbaden: VS Verlag für Sozialwissenschaften.
Schubert, H. (2015). *Planung, Steuerung und Qualitätsentwicklung in Netzwerken Frühe Hilfen*. http://www.fruehehilfen.de/bundesinitiative-fruehe-hilfen/transfer/impulse-zur-netzwerkarbeit-fruehe-hilfen/prof-dr-dr-herbert-schubert/ (Zugegriffen: 25.03.2017).
Schubert, H. (2017). Identifizierung und Gestaltung von Netzwerken in der Kommune. In W. Lindner & W. Pletzer (Hrsg.), *Kommunale Jugendpolitik* (S. 285–297). Weinheim: Beltz Juventa.
Schubert, H., Bremstahler, S., Papenfuß, K., & Spieckermann, H. (2016). *Wege finden – Seniorenorientierte Navigation. Entwicklung und Implementierung eines „Lotsensystems" für ältere Menschen in Mülheim an der Ruhr*. Band 3: Kölner Schriftenreihe für Management und Organisation in der Sozialen Arbeit. https://cos.bibl.th-koeln.de/frontdoor/index/index/docId/354 (Zugegriffen: 15.03.2017).
Sydow, J. (2001). *Strategische Netzwerke. Evolution und Organisation*. 5. Auflage, Wiesbaden: Gabler.

Windeler, A. (1998). *Zum Begriff des Unternehmungsnetzwerks. Eine strukturationstheoretische Notiz.* http://www.wiwiss.fu-berlin.de/fachbereich/bwl/management/sydow/media/pdf/Windeler__1998__-_Zum_Begriff_des_Unternehmungsnetzwerks.pdf (Zugegriffen: 09.01.2017).

Management von Netzwerken in der Sozialwirtschaft

4

Zusammenfassung

Das Management organisierter Netzwerke baut auf drei Säulen auf: (A) kontinuierliche Organisation eines Informationssystems, (B) die Sicherung der Prozessabläufe des Aufbaus und des Zusammenwirkens – z. B. durch eine Koordination – sowie (C) die Flankierung der Zusammenarbeit mit einer nachhaltigen Qualitätsentwicklung. Der Informationsaustausch muss die Ereignisse im Netzwerk transparent halten und einer Unübersichtlichkeit vorbeugen. Das Informationssystem muss ein angemessenes Netzwerkcontrolling sicherstellen. Dazu sind kontinuierlich planungs- und steuerungsrelevante Informationen über das Netzwerk, über die beteiligten Organisationen und über die Impulse aus der Umwelt zu erheben, auszuwerten und in den Prozess des Netzwerks einzuspeisen. Die zentrale Managementsäule der Sicherung der Prozessabläufe umfasst die strategische Vorbereitung, die Planung bzw. den Aufbau der Kooperation, die Koordination der Abstimmung unter den Akteuren, die operative Durchführung kooperativer Maßnahmen und die Evaluation der Vernetzung. In der Vorbereitung kommen der Strategischen Situationsanalyse und Analysen, wer die potenziellen Netzwerkakteure sind und wie sie bereits vernetzt sind, ein wichtiger Stellenwert zu. Für die Aufbauorganisation eines organisierten Netzwerks sind drei Komponenten bedeutsam: (1) Die Basis eines Strukturnetzwerks, (2) die darauf aufbauenden Themen- oder Handlungsnetzwerke und (3) die Koordination. Die Qualitätsentwicklung hat – als dritte Managementsäule – die Funktion, die fachliche Programmierung des Netzwerks sicherzustellen. Dazu werden an den Schnittstellen des Austausches oder der Kooperation Standards definiert und vereinbart. Die Qualitätssicherung organisierter Netzwerke setzt auf der Basisebene der Schnittstellen von Akteurspaaren an, die sich gegenseitig (informations- oder adressatenorientiert) befähigen und entlasten können. Als wichtiges Handwerkszeug wird dazu die Prozesskettenanalyse verwendet.

Lernziel

Nach der Rezeption des Kapitels sollen die drei Managementdimensionen auf organisierte Netzwerke in der Sozialwirtschaft bezogen werden können. Die Leserin und der Leser sollen in der Lage sein darzustellen, welche Managementaufgaben im Informationssystem, im Prozess des Aufbaus und des Zusammenwirkens sowie in der Qualitätsentwicklung organisierter Netzwerke zu leisten sind. Dazu gehört auch das Verständnis, welchen Nutzen der Einsatz von Instrumenten – wie die Stakeholderanalyse und die Akteur-Ereignis-Netzwerkanalyse – für das Management haben. Es soll auch ein Grundverständnis erreicht werden, welche Komponenten die Aufbauorganisation eines organisierten Netzwerks in der Sozialwirtschaft kennzeichnen.

Ein wesentliches Erfolgskriterium für organisierte Netzwerke ist die Einbettung der Netzwerkarbeit in ein zielführendes, strukturierendes und koordinierendes Management. Von der Ideengenerierung über die Schaffung notwendiger Rahmenbedingungen bis zur Umsetzung der Netzwerkarbeit stellt das Management den gesamten Prozess vom Netzwerkaufbau über die praktische Umsetzung der Netzwerkkooperation bis hin zur Evaluation sicher. Für das Netzwerk Frühe Hilfen zum Beispiel schreibt das Bundeskinderschutzgesetz vor, dass diese Managementaufgaben durch den örtlichen Träger der Jugendhilfe zu leisten sind. Es muss dafür gesorgt werden, dass sich die Beteiligten grundsätzlich über die Kultur ihrer Zusammenarbeit verständigen und klare Regeln vereinbaren, wie im Netzwerk und daraus abgeleiteten Handlungsnetzen vorgegangen wird. Auf allen Verantwortungsebenen – von den politischen Ausschüssen über die betroffenen Dezernate in der Verwaltung bis hin zu den Trägern und Organisationen – sind selbstverpflichtende Erklärungen und Formulierungen von expliziten Bekenntnissen zum Netzwerk zu erwirken. So können einerseits das Engagement und die Kooperationsbereitschaft der Akteure vor Ort geweckt und andererseits verbindliche Strukturen auf den kommunalen Handlungsebenen – von der Kommunalpolitik über die Kommunalverwaltung bis zum Netzwerk der sozialwirtschaftlichen Leistungsträger – abgesichert werden.

In der *Orientierungsphase* müssen die Institutionen, Einrichtungen und Organisationen, die für die Vernetzung relevant sind, zur Entwicklung der inhaltlichen Ausrichtung einbezogen werden. Zur Vorbereitung der späteren Netzwerkaktivitäten erhalten sie die Gelegenheit, ihre Situation – d. h. die Stärken und Schwächen sowie Chancen und Risiken im jeweiligen Handlungsfeld – zu analysieren. Dabei sollen sich die Akteure im ersten Schritt gegenseitig über ihre Angebote informieren und über ihre Wahrnehmung der Bedarfe der Adressatinnen und Adressaten verständigen. Die Sicherstellung dieses Prozesses ist eine Managementaufgabe, die kommunikative und organisatorische Gestaltung des kommunikativen Prozesses ist eine Koordinations- und Moderationsaufgabe.

In der *Vorbereitungsphase* finden analytische Instrumente (wie zum Beispiel Netzwerkanalysen und eine Stakeholderanalyse) Anwendung. Solche Methoden helfen zu ermitteln, welche Vor-Vernetzungen, auf denen das Netzwerk aufbauen kann, es bereits gibt. Solche Analysen sollen auch deutlich machen, wo ein „strukturelles Loch" klafft, das durch das Netzwerk geschlossen werden soll.

In der *Phase der Konstituierung* klären die einbezogenen Institutionen, Einrichtungen und Organisationen untereinander die strukturellen Fragen der Angebotsgestaltung und -entwicklung. Die Akteure müssen dabei festlegen, welchen Beitrag sie im Netzwerk leisten können. Unter der Dienstleistungsperspektive kann sich das Netzwerk in mehrere Teilvernetzungen (Handlungsnetzwerke) gliedern, deren Kooperation sich auf die Realisierung spezifischer Produkte bzw. Dienstleistungen bezieht. In Netzwerken wie Frühe Hilfen sind solche kooperativen Maßnahmen zum Beispiel: Baby-Begrüßungspaket, Vermittlungsstelle zwischen Gesundheitswesen und Jugendhilfe, Präventionskette zur frühen Förderung benachteiligter Eltern und Kinder. Die Ziele werden von den Beteiligten gemeinsam formuliert und anschließend werden die ineinandergreifenden Dienstleistungen der verschiedenen eingebundenen Träger aufeinander abgestimmt. Damit endet der *Verhandlungsprozess,* und es kann zum *Handlungsprozess* übergeleitet werden.

Im Rahmen des begleitenden *Netzwerkmarketings* ist es eine *Führungsaufgabe,* dafür zu sorgen, dass ein Netzwerkleitbild formuliert und fortgeschrieben wird. Die *strategische Verantwortung* tragen Leitungspersonen der beteiligten Akteure – beispielsweise im Kontext eines steuernden Koordinationskreises, und die *operative Prozessmoderation* sowie Dokumentation des Prozesses obliegen einer Koordinationskraft. Damit das Netzwerk vor Ort bei allen Stakeholdern – von den Adressatinnen und Adressaten über die Kommunalpolitik und die Träger der verschiedenen fachlichen Dienstleistungen bis zur lokalen Wirtschaft – ein Profil gewinnen und auch Anerkennung erhalten kann, sind außerdem Maßnahmen zur Entwicklung einer *Netzwerkidentität* durchzuführen – z. B. als ein *Narrativ* (Story), das auch die Adressatinnen und Adressaten verstehen. Daher sind Voraussetzungen zu schaffen, damit die beteiligten Schlüsselpersonen und die Fachleute mit unterschiedlichen professionellen Hintergründen eine positive Haltung zum Netzwerk entwickeln können. Den Weg zur Identifikation mit dem Netzwerk ebnen interaktionsfördernde Veranstaltungen, die sowohl das Beziehungsgefüge zwischen den beteiligten Disziplinen und Professionen als auch zwischen den konkreten Personen stärken.

4.1 Managementmodell für die Organisation von Netzwerken

Die erfolgreiche Organisation eines Netzwerks setzt ausreichende zeitliche, finanzielle und soziale Ressourcen sowie Kompetenzen der beteiligten Promotoren voraus. Von der Ideengenerierung über die Entwicklung bis zur Umsetzung einer Netzwerkkooperation gestaltet das Management einen Prozess, der folgendermaßen zusammengefasst werden kann (vgl. Kraege 1997, S. 88 ff.; vgl. auch Schubert 2008a, S. 27 ff.; ders. 2010, S. 61 ff.):

1) Initiierung eines Austausches bzw. einer Kooperation als Ausgangspunkt;
2) Erhebung der potenziellen Kooperationspartner und Bewertung der Beziehungsoptionen;
3) Aushandlungen zwischen den potenziellen Partnern;
4) Entscheidung über das Zusammenwirken nach einem Netzwerkmodus wie Information, Wertschöpfung oder Überbrückung (Kooperationsvereinbarung);
5) Implementierung und Realisierung des Netzwerks;
6) Weiterentwicklung oder Auflösung (von Teilen) der Netzwerkverflechtung.

Damit die vereinbarten Kooperationen, Austauschformen und Abstimmungen zwischen den Beteiligten gelingen, baut das Netzwerkmanagement im Allgemeinen auf drei Säulen auf (vgl. Abb. 4-1). Erforderlich sind: (1.) eine kontinuierliche Organisation des Informationsaustausches, (2.) die Sicherung der Prozessabläufe des Aufbaus und des Zusammenwirkens – z.B. durch eine Koordination – sowie (3.) die Flankierung der Zusammenarbeit mit einer nachhaltigen Qualitätsentwicklung.

Der *Informationsaustausch* muss die Ereignisse im Netzwerk transparent halten. Weil sich ein organisiertes Netzwerk vertikal weitgreifend über die verschiedenen Verantwortungsebenen und Fachbereichsstrukturen erstreckt sowie horizontal auf der operativen Ebene eine Vielzahl von kleinen Teilnetzwerken umfassen kann, die sich um einzelne Produkte und Dienstleistungsketten gruppieren, verlieren die einzelnen Beteiligten oft den Überblick über das Ganze. Daher muss der Informationsaustausch einer Unübersichtlichkeit vorbeugen. Folglich sind kontinuierlich Informationen über die Aktivitäten im Netzwerk, bei den beteiligten Organisationen und in der kommunalen Umwelt zu erheben, auszuwerten und den Akteuren des Netzwerkes – beispielsweise in der Form eines regelmäßigen Newslet-

Abbildung 4-1 Managementmodell für die Netzwerkkooperation

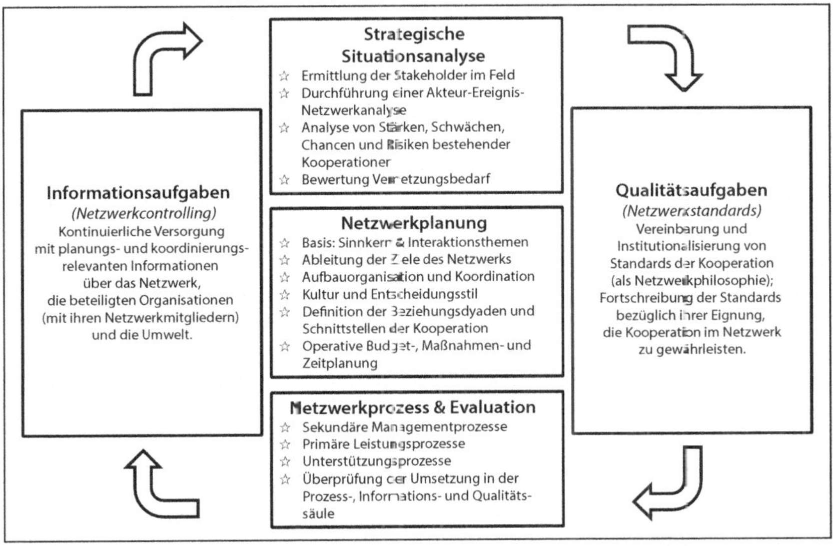

Strategische Situationsanalyse
- Ermittlung der Stakeholder im Feld
- Durchführung einer Akteur-Ereignis-Netzwerkanalyse
- Analyse von Stärken, Schwächen, Chancen und Risiken bestehender Kooperationen
- Bewertung Vernetzungsbedarf

Informationsaufgaben
(Netzwerkcontrolling)
Kontinuierliche Versorgung mit planungs- und koordinierungsrelevanten Informationen über das Netzwerk, die beteiligten Organisationen (mit ihren Netzwerkmitgliedern) und die Umwelt.

Netzwerkplanung
- Basis: Sinnkern & Interaktionsthemen
- Ableitung der Ziele des Netzwerks
- Aufbauorganisation und Koordination
- Kultur und Entscheidungsstil
- Definition der Beziehungsdyaden und Schnittstellen der Kooperation
- Operative Budget-, Maßnahmen- und Zeitplanung

Qualitätsaufgaben
(Netzwerkstandards)
Vereinbarung und Institutionalisierung von Standards der Kooperation (als Netzwerkphilosophie); Fortschreibung der Standards bezüglich ihrer Eignung, die Kooperation im Netzwerk zu gewährleisten.

Netzwerkprozess & Evaluation
- Sekundäre Managementprozesse
- Primäre Leistungsprozesse
- Unterstützungsprozesse
- Überprüfung der Umsetzung in der Prozess-, Informations- und Qualitätssäule

In Anlehnung an Schwarz et al. 2002, S. 70–73; Rüegg-Stürm 2003 und Rüegg-Stürm und Grand 2017

---

ters – zeitnah zur Verfügung zu stellen Die Informationsaufgaben stellen zugleich ein angemessenes Netzwerkcontrolling sicher. Dazu sind kontinuierlich planungs- und koordinierungsrelevante Informationen über das Netzwerk, über die beteiligten Organisationen sowie deren Netzwerkmitglieder und über die Impulse aus der Umwelt zu erheben, auszuwerten und in den Prozess des Netzwerks einzuspeisen.

Die *zentrale Managementsäule der Sicherung der Prozessabläufe* umfasst die strategische Vorbereitung, die Planung bzw. den Aufbau der Kooperation, die Koordination der Abstimmung unter den Akteuren, die operative Durchführung kooperativer Maßnahmen und die Evaluation der Vernetzung. In der Vorbereitung kommen der Strategischen Situationsanalyse und der Analyse potenzieller Netzwerkakteure ein wichtiger Stellenwert zu: Auf dieser Grundlage werden die Kooperationspartner im Vernetzungsfeld ermittelt, die Stärken, Schwächen, Chancen und Risiken bestehender Kooperationen bewertet, der Vernetzungsbedarf definiert und Handlungsmöglichkeiten abgeleitet. Die Auswahlprozesse beruhen auf rationalen Kalkülen der Netzwerkakteure, aber auch auf Effekten sozialen Einflusses (vgl. Wald 2010, S. 631).

Zu den weiteren Management-Aufgaben gehört, dass konzeptionelle Grundlagen geschaffen werden wie: ein Leitbild und Orientierungsziele, eine Aufbauorganisation und Kommunikationsformen für die Netzwerkkooperation, die Vereinbarung eines Koordinations- und Entscheidungsstils, Leitlinien für die Gestaltung der internen und externen Austauschbeziehungen, der Einsatz von Ressourcen im Rahmen der Kooperation, eine Beschreibung der kurz- und mittelfristigen Aufgaben und ihre Operationalisierung im Rahmen einer operativen Budget-, Maßnahmen- und Zeitplanung. Die daran anschließenden Steuerungsaufgaben betreffen die Durchführung und Evaluation der Netzwerkkooperation. Der Fokus des Managements liegt darauf, die Planung zielorientiert zu realisieren und die Umsetzung auf der Prozess-, Qualitäts- und Informationsebene zu überprüfen und bei Abweichungen gegebenenfalls Korrekturen zu veranlassen.

Den Kern der zentralen Säule des Netzwerkmanagements bilden folgende *Prozesse* (vgl. Rüegg-Stürm und Grand 2017, S. 64 ff.): Die sekundären Managementprozesse beinhalten den normativen Orientierungsprozess, den strategischen Entwicklungsprozess und die interorganisationale Kopplung der operativen Führungsprozesse in den beteiligten Organisationen. Die operativen Leistungsprozesse beziehen sich entweder auf eine interne Leistungserstellung im Netzwerk (z. B. Informationstransfer) oder auf eine sozialwirtschaftliche Leistungserstellung an der Schnittstelle zu Adressatinnen und Adressaten. Bedeutsam sind aber auch Leistungsinnovationsprozesse, die in Handlungsnetzwerken durch neue kooperative Kombinationen entwickelt werden können. Nicht zu vergessen sind die Unterstützungsprozesse im Netzwerk oder aus den am Netzwerk beteiligten Organisationen heraus: Diese Aufgaben reichen von rechtlichen Grundlagen (z. B. Kontrakte, Kooperationsvereinbarungen) über die Personalentwicklung (z. B. Fortbildungen von strategisch und operativ ins Netzwerk eingebundenen Personen) und die Bereitstellung der Infrastruktur (z. B. Räume und Arbeitsmittel) bis hin zur Bewältigung des Informationsflusses aus sowie zwischen den beteiligten Organisationen.

Über die *Koordination* wird der Kommunikationsprozess zwischen den Beteiligten gestaltet und zu verbindlichen Ergebnissen geführt. Dies kann einerseits die Koordination eines organisierten Netzwerks auf der kommunalen Gesamtebene, aber andererseits auch die Koordination produktbezogener Handlungsteilnetze – etwa auf der Ebene von Stadtteilen und Sozialräumen – betreffen. Um die gewünschte Zusammenarbeit zu fördern, werden geeignete Koordinations- und Kommunikationsinstrumente eingesetzt: Beispiele sind öffentlichkeitswirksame Auftakt- und Forumsveranstaltungen für das gesamte Netzwerk (Verhandlungsrahmen), Runde Tische sowie interdisziplinäre Arbeitskreise auf der Ebene der operativen Kooperation im Sozialraum oder im Kontext eines konkreten Produkts (als Rahmen der Handlungsnetze). Daher muss die zielkongruente Durchführung der Netzwerkpraxis regelmäßig mit (Selbst-)Evaluationsschleifen verknüpft werden. Auf der Grundlage der Evaluationsergebnisse ist der Koordinationsprozess perspektivisch so zu gestalten, dass bei Abweichungen gegebenenfalls Korrekturen im Netzwerk erörtert und veranlasst werden können.

Die *Qualitätsentwicklung* hat – als dritte Managementsäule – die Funktion, die fachliche Programmierung des Netzwerks sicherzustellen. Dazu werden an den Schnittstellen des Austausches oder der Kooperation Standards (im Sinn einer Netzwerkphilosophie) definiert und vereinbart. Für die Fortschreibung werden die verschiedenen Merkmale bezüglich ihrer Eignung bewertet, die gewünschte Kooperation und Vernetzung zu gewährleisten.

Insgesamt handelt es sich bei diesem Managementmodell um einen instrumentellen Handlungsrahmen für die operative Umsetzung eines organisierten Netzwerks. Ohne Vorstellung, was ein Netzwerkmanagement – als angewandte Technologie des Netzwerkens – auf der methodischen Ebene der Realisierung leisten muss, wird nur einem unpräzisen Gebrauch der Netzwerkrhetorik Vorschub geleistet. Einschränkend muss aber auch wahrgenommen werden, dass sich Governance-Netzwerke der Sozialwirtschaft auf der kommunalen Ebene nicht so stringent „managen" lassen, wie innerbetriebliche Prozesse. Das skizzierte Managementmodell hat daher vor allem eine Orientierungsfunktion, wie sich organisierte Netzwerke angesichts undeutlicher Grenzen und teilweise relativ schwacher Formalisierung gestalten lassen. Grundlegende Voraussetzungen für das Management von Vernetzungen sind, dass die Aufgaben genau beschrieben, das Vertrauen im Netzwerk gefördert und die netzinterne Kommunikation offen gestaltet werden. Es muss eine Balance gefunden werden, die gemeinsame Erfahrungen ermöglicht, die gegenseitigen Erwartungen transparent macht und die, trotz Suche nach Ordnung, gleichzeitig eine dynamische Unordnung zulässt, damit die Anschlussmöglichkeiten nach außen offenbleiben (vgl. Baitsch und Müller 2001, S. 23 ff.).

Netzwerkmanagement repräsentiert nicht das Tätigkeitsprofil einer einzelnen Person – es muss vielmehr an vielen Positionen des zu organisierenden Netzwerks festgemacht werden, damit es in der gesamten Verflechtungsstruktur verankert ist. Als *Eckpunkte des Netzwerkmanagements* können deshalb besonders hervorgehoben werden:

1) Die kommunalen Entscheiderinnen und Entscheider der unterschiedlichen Ressorts und Hilfesysteme müssen die Netzwerkorientierung als Promotoren aktiv unterstützen. Durch ihre Zusammenarbeit geben sie ein Vorbild ab (zum Beispiel durch eine abgestimmte Beschlussfassung der kommunalpolitischen Gremien).
2) Die Verantwortlichen der Träger von Diensten, Einrichtungen und Angeboten aus den verschiedenen tangierten Feldern müssen sich untereinander – die Konkurrenz überwindend – austauschen und die strukturelle Verknüpfung der

bestehenden Angebote sowie ihrer Weiterentwicklung in Koopkurrenz klären. Das Zusammenwirken orientiert sich nicht an einzelnen fachlichen oder organisatorischen Interessen, sondern am Gesamtnutzen für die Adressatinnen sowie Adressaten und weitergehend auch für die Kommune als Ganzes.

3) Unter den operativ eingebundenen Kräften der verschiedenen Disziplinen und Ressorts muss eine offene Kooperationskultur gepflegt werden. Wenn sie bereit sind, sich den Bedarfssituationen der Adressatinnen und Adressaten untereinander abgestimmt anzunehmen, können die gewünschten Veränderungen und Verbesserungen der bestehenden Praxis schrittweise realisiert werden.

4) Um die Komplexität der Beteiligten zu bewältigen, wird eine Koordination eingesetzt. Sie unterstützt die Prozessorganisation des Netzwerks und wirkt daran mit, dass operative Leistungen verschiedener Akteure erfolgreich verknüpft werden können.

5) Im Mittelpunkt organisierter Netzwerke sollte vor allem der Nutzen für die Adressatinnen und Adressaten stehen – also die Vorteile, die beispielsweise Bewohnerinnen und Bewohner eines Stadtquartiers von der ressortübergreifenden Kooperation der Praktikerinnen und Praktikern – etwa bei Hilfen, Beratungen und Dienstleistungen – in ihrem Alltagsleben vor Ort haben.

Was für Netzwerke im Bildungswesen resümiert wurde, lässt sich prinzipiell auf das Management organisierter Netzwerke übertragen. Bei der bewussten Gestaltung von Netzwerken geht es um: „1. Personalintegration (Führung), 2. Gewährleistung einer problemnahen Arbeitsteilung verbunden mit einer zeitnahen Zusammenführung der darüber erbrachten Teilleistungen (Organisation), 3. Erarbeitung von Strategien (Planung) und 4. der Überwachung von deren Umsetzung (Kontrolle). […] Für die Tätigkeit des Netzwerkmanagements bilden sich in Netzwerken besondere Funktionsstellen (Leitungsstellen, Koordinatoren) und organisationsförmige Aufbau- und Ablaufstrukturen heraus. Diese können unterschiedlich komplex (mehrebenig oder funktional ausdifferenziert) sein, was vor allem von der eigenen Größe des Netzwerkes, seiner internen Differenzierung und seinen externen Anschlüssen und Abhängigkeiten bestimmt wird." (Rürup et al. 2015, S. 117)

4.2 Stakeholderanalyse

Ein organisiertes Netzwerk wird von den Beziehungen zwischen Akteuren geprägt – das sind in der Sozialwirtschaft einerseits die Einrichtungen und Organisationen und andererseits die Personen, die diese Einheiten repräsentieren. Entscheidend sind die persönlichen Verbindungen in direkter Interaktion oder indirekter Kommunikation, denn nur über die Personen können die Netzwerkbeziehungen zwischen den Organisationen mit Leben gefüllt werden. Es reicht daher nicht aus, nur Organisationen und Einrichtungen einzuladen und deren Repräsentanten in einem Raum zu versammeln. Wir sprechen auch nicht von „Fußball", wenn sich elf Personen in der Umkleidekabine befinden, sondern tun das erst, wenn zwei Mannschaften auf dem Fußballplatz erfolgreich Spielzüge zwischen Defensive, Mittelfeld und Offensive realisieren. Bei den organisierten Netzwerken darf man sich daher nicht damit zufriedengeben, dass es Netzwerktreffen gibt, bei denen Vertreterinnen und Vertreter der beteiligten Einrichtungen und Dienste – relativ unverbunden – zusammensitzen. In Anlehnung an die Metapher des Fußballs macht erst das definierte Zusammenspiel von Personen beim Informationsaustausch, bei der kommunalpolitischen Absicherung, bei der administrativen Zuarbeit (sowie Fachplanung) und bei der praktischen Erbringung von Dienstleistungen das Netzwerk aus. Damit dieses Zusammenspiel gelingen kann, sind einerseits die Stakeholder des jeweiligen Handlungskontextes zu gewinnen und andererseits eine geeignete Aufbauorganisation des Netzwerkes zu gestalten.

Diejenigen Akteure, die in einem Sozialraum oder im fachlichen Handlungsbereich Einfluss ausüben, werden als Stakeholder bezeichnet. Freeman definiert Stakeholder als „any group or individual who can affect or is affected by the achievement of the firm's objectives' (Freeman 2010, S. 25). In der deutschen Übersetzung werden sie als Interessens- und Anspruchsgruppen bezeichnet, ohne deren Unterstützung eine Organisation und weitergehend ein interorganisationales Netzwerk nicht existieren kann. „To have a stake" bedeutet in der englischen Sprache einen Spieleinsatz, d. h. es wird auf ein Risiko gewettet bzw. auf etwas gesetzt. In der Perspektive des Managements handelt es sich um Personen oder Gruppen, von deren Haltung und Einsatz die Entwicklung des Netzwerks abhängt. Umgekehrt hängen die Stakeholder aber auch vom Erfolg des Netzwerks ab – im übertragenen Sinn ist das ihr „Gewinn". Die Stakeholder richten sowohl fachliche Ansprüche als auch wirtschaftliche Nutzenerwartungen an das organisierte Netzwerk (vgl. Tiemeyer 2002, S. 4 f.). Ein Teil von ihnen hat auch unmittelbaren Einfluss auf die Zuteilung von Ressourcen und auf das Leistungsergebnis. Die bereitgestellten Ressourcen sind zum Beispiel finanzielle Mittel, Vertrauen, Wissen und Kompetenzen.

Die Stakeholder einer Organisation können in fünf Kreise aufgeteilt werden: (I) die Adressatinnen und Adressaten als Abnehmer von Dienstleistungen, (II) interne Stakeholder wie Leitung, Mitarbeitende und Ehrenamtliche, (III) externe Stakeholder aus der (zivil-)gesellschaftlichen Umwelt sowie (IV) aus der politischen Umwelt und (V) die Ressourcengeber – monetäre Zuwendungen, Zulieferer und Kooperationspartner mit spezifischen Kompetenzen (vgl. Theuvsen 2001, S. 4).

Bevor ein organisiertes Netzwerk generiert und konstituiert wird, muss im Rahmen einer Stakeholderanalyse aufgeklärt werden, welche Stakeholder für das Vernetzungsziel und den Vernetzungsgegenstand bedeutsam sind. Die Analyse dieses für die Netzwerkkooperation bedeutsamen Ausschnitts der Stakeholder umfasst im Allgemeinen sieben Schritte:

1) die Identifikation der Stakeholder und ihre Gliederung in Stakeholdergruppen, die für die Netzwerkkooperation eine hohe Bedeutung haben;
2) die Identifizierung der Schlüsselpersonen, die diese Stakeholdergruppen im organisierten Netzwerk repräsentieren können;
3) die Herausarbeitung ihrer Ansprüche und Interessen in allgemeiner Form sowie ihrer Aufträge und Ziele unter einer spezifischen Perspektive;
4) die Analyse und Bewertung des Einflusses und der Interessen dieser vernetzungsrelevanten Stakeholder;
5) die Interpretation, ob dem bisherigen Verhalten der einzelnen Stakeholder gegenüber dem Vernetzungsziel und dem Vernetzungsanlass eher eine unterstützende oder ablehnend-bedrohende Haltung zu Grunde liegt;
6) die möglichen thematischen Kopplungspunkte und
7) in der bewertenden Zusammenfassung die Ableitung von Strategien und Maßnahmen zur Aktivierung und Vernetzung der Stakeholder.

Als Instrument wird eine Stakeholdertabelle (Kreuztabelle) erarbeitet, in deren Kopfspalte die Stakeholdergruppen sowie deren Schlüsselpersonen eingetragen werden und deren Kopfzeile die Analyseschritte beinhalten (vgl. Tab. 4-1).

Beispiele solcher Gruppierungen in der Kopfspalte der Tabelle 4-1 können sein: die Kostenträger im jeweiligen Handlungsfeld, die Eigentümer und Aufsichtsgremien der einzelnen Organisationen, deren Leitungskräfte, Mitarbeitende und bisherigen Kooperationspartner oder die Gewerkschaften. Beispiele im Sozialraum oder in der Gemeinde können sein: Bewohnerinnen und Bewohner nach Lebenslagen, Nachbarn, Wohnungseigentümer, Mieter, kommunale Stellen, Dienste und Einrichtungen, Vereine, bereits bestehende lokale Netzwerke oder Runde Tische, Ladeninhaberinnen und -inhaber, Gewerbetreibende, Verkehrsunternehmen und deren Kundinnen und Kunden.

Im Rahmen der Stakeholderanalyse wird das Verhalten jeder einzelnen Interessen- und Anspruchsgruppe beobachtet und bewertet (vgl. Freeman 2010, S. 83 ff.). Wenn ein hinreichendes Kooperationspotenzial ermittelt wird, kann beim Aufbau des organisierten Netzwerks daran angeknüpft werden. Wird hingegen ein Verhalten diagnostiziert, das die Erreichung des Vernetzungsziels behindert, muss das kompetitive Bedrohungspotenzial in der Netzwerkentwicklung kontinuierlich reflektiert werden, um dennoch konstruktive Anschlussmöglich-

Tabelle 4-1   Stakeholdertabelle

Stakeholder ☑ Anspruchsgruppe ☑ Schlüsselperson	Analyseperspektiven			
	Interessen Ansprüche Auftrag/Ziele	Einfluss Stärke	Verhalten (+/−)	Kopplungs- punkte
Adressat/innen				
Kommunalpolitiker/innen im Rat und in Ausschüssen				
Fachbereiche der Kommunalverwaltung				
Freie Träger				
Andere Dienstleister				
Einrichtungen				
Lokale Öffentlichkeit: Medien, Initiativen				
Gewerbetreibende				
Zivilgesellschaft: Kirchen, Vereine, Verbände				

Eigene Darstellung

keiten zu finden. Auf dieser Grundlage kann das Koalitionspotenzial analysiert werden, indem die Möglichkeiten für eine Koalition zwischen den Vertretungspersonen der identifizierten Anspruchsgruppen ausgelotet werden.

Zur Klärung, welche Schlüsselpersonen eine Stakeholdergruppe im organisierten Netzwerk repräsentieren sollten, gibt es drei *Ansätze zur Identifizierung:* (1) Im nominalistischen Positions- bzw. Funktionsansatz gelten Akteure auf Grund der Position oder Funktion, die sie innerhalb des Sozialraums und in den Organisationen, Diensten und Einrichtungen haben, als relevant. (2) Im realistischen Reputationsansatz treffen Expertinnen und Experten oder eine Teilgruppe der Akteure (als Insider) die Auswahl, welche Personen für die Netzwerkinitiative als relevant angesehen werden. (3) Im realistischen Entscheidungsansatz werden diejenigen Akteure ausgewählt, die einen großen Einfluss auf konkrete Entscheidungen in dem Themen- bzw. Handlungsfeld haben.

In der Phase der Initiierung eines Netzwerks besteht die Grundaufgabe des Netzwerkmanagements darin, die Stakeholder zu ermitteln, ihre Interessen zu identifizieren, die bestehenden Vorvernetzungen zu diagnostizieren, ihren Einfluss auf die spezifische Thematik zu bewerten und geeignete Kooperationspart-

Abbildung 4-2 Komplexität der Ansprüche von Stakeholdergruppen am Beispiel eines Bildungsnetzwerkes

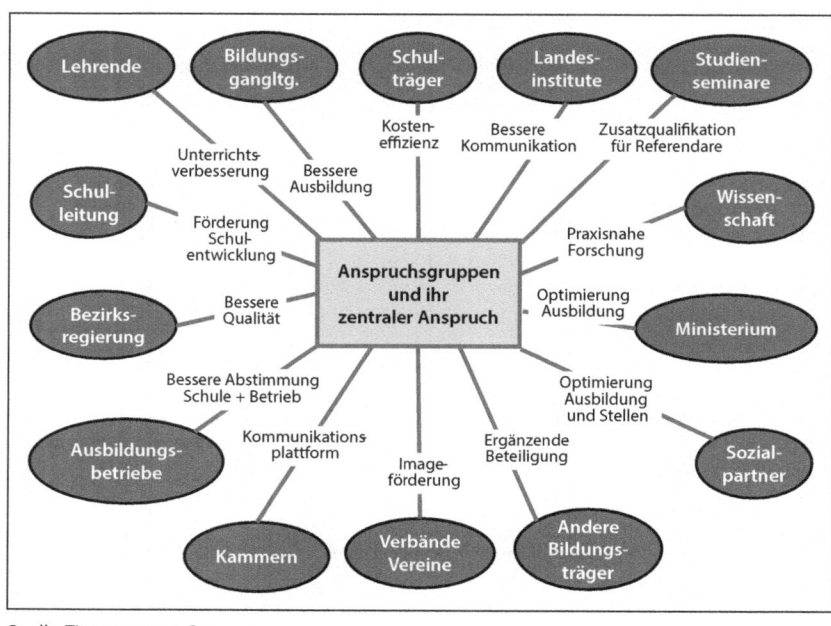

Quelle: Tiemeyer 2002, S. 8

ner auszuwählen. Erst nach der Sammlung und Aufbereitung der Informationen über die Stakeholder liegen hinreichende Informationen vor, um mit der Vernetzungsinitiative zu beginnen.

Erfahrungsgemäß handelt es sich bei Stakeholdern um eine unübersichtliche Zahl von Personen bzw. Institutionen und Organisationen, die im jeweiligen (fachlichen) Handlungsfeld unterschiedliche und teilweise widersprüchliche Interessen verfolgen – die Ansprüche, die in der Vernetzungsinitiative integriert und in eine Balance gebracht werden müssen, weisen teilweise eine hohe Komplexität auf (vgl. Abb. 4-2).

Für die *Strukturierung und Bewertung des Einflusses und der Interessen* der vernetzungsrelevanten Stakeholder im Rahmen der Stakeholderanalyse eignet sich das Instrument der Vier-Felder-Tafel. Mit dieser sogenannten *Stakeholdermatrix* – konkret: *Einfluss-Interessen-Matrix* – kann übersichtlich zusammengestellt werden, welche Stakeholder welchen Einfluss auf eine Netzwerkkooperation nehmen können bzw. welche Interessen sie in einer Vernetzung verfolgen (vgl. Abb. 4-3).

Abbildung 4-3 Stakeholdermatrix nach Einfluss und Interesse an einer Netzwerkkooperation

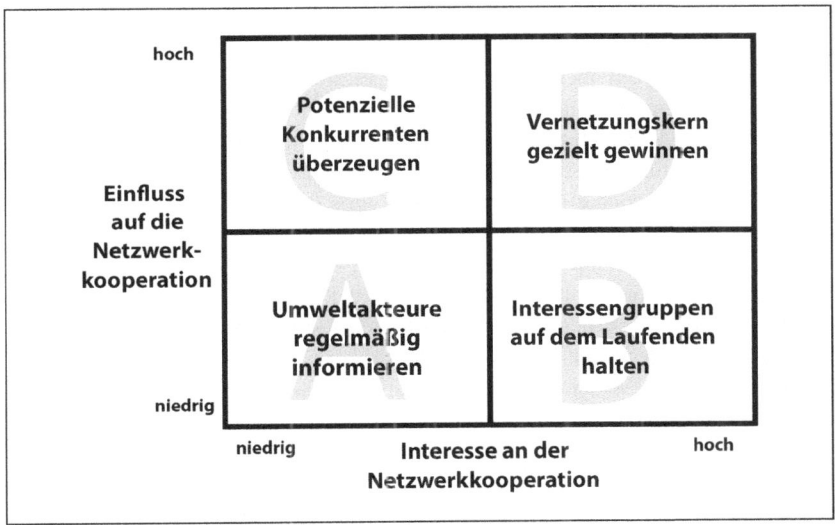

Nach Freeman 2010

Die Relevanz der einzelnen Anspruchsgruppe und ihrer markanten repräsentativen Persönlichkeiten leitet sich aus ihrer strategischen Bedeutung ab: Je abhängiger die angestrebte Vernetzung von einer Anspruchsgruppe ist und je größer die Einflussmöglichkeiten dieses Stakeholders auf die Erfolgswahrscheinlichkeit der Vernetzung sind, desto höher ist seine Relevanz für das organisierte Netzwerk.

Die Stakeholder in Feld A zeigen kaum Interesse an einer Netzwerkkooperation und auch ihr Einfluss ist schwach, weil sie nur in geringem Umfang zum Erfolg einer potenziellen Vernetzung etwas beitragen können. Damit spielen diese Akteure im Kreis der potenziellen Kooperationspartner keine große Rolle, aber es kann sinnvoll sein, über Informations- und Kommunikationsstrategien mit ihnen im punktuellen oder kontinuierlichen Kontakt zu stehen. Die Stakeholder in Feld B haben ein großes Interesse an einer Zusammenarbeit, allerdings verfügen sie kaum über den Einfluss, die Netzwerkkooperation erfolgreich zu gestalten. Diesen Stakeholdern müssen unter Bezugnahme auf ihre Interessen kontinuierlich Kopplungsangebote gemacht werden. Denn sie stellen wichtige Verbündete nicht nur im Netzwerk dar, sondern auch im kommunalen Geschehen. Die Beziehungen zu den Stakeholdern in Feld C sind schwieriger zu gestalten: Sie haben zwar nur geringes Interesse an einer Netzwerkkooperation mit der eigenen Organisation, besitzen aber in hohem Maße Einfluss auf den Erfolg einer potenziellen Vernetzung. Es handelt sich meistens um Konkurrenten in Bezug auf die Vernetzungspotenziale; dazu gehören aber auch formale Positionen von öffentlichen oder institutionellen Akteuren, deren Unterstützung erfolgsfördernd sein kann. Sie sind dennoch eine wichtige Zielgruppe der Vernetzung, weil ihre Entscheidungen – z. B. über die Zuwendung von Ressourcen – einen tief greifenden Einfluss haben. Daher sind gezielt Überzeugungsinitiativen zu starten. Die Stakeholder mit einem hohen Interesse und großen Einflussmöglichkeiten befinden sich im Feld D. Unter ihnen sind die wichtigsten Akteure für die Vernetzungsstrategie zu finden – sie bilden quasi den Netzwerkkern.

Akteure im Feld A der Matrix (geringer Einfluss, geringes Interesse) und im Feld B (geringer Einfluss, hohes Interesse) spielen keine zentralen Rollen in der Netzwerkkooperation, können aber wichtige Multiplikatoren für die Aktivierung von Öffentlichkeitsressourcen sein. Das Feld C (hoher Einfluss, geringes Interesse) muss unter ständige Beobachtung genommen werden, weil dort das größte Bedrohungspotenzial für die Vernetzungsstrategie lauert. Die Repräsentanten im vierten Feld D (hoher Einfluss, hohes Interesse) bilden den Kern der Vernetzung. Im Rahmen individuell ausgerichteter Strategien können einzelne Stakeholder des Feldes C mit gezielter Ansprache aktiviert werden, damit sie ins Feld D „vorrücken".

Das Stakeholdermanagement zielt somit nach der Identifikation der wichtigsten Akteure (z. B. Befürworter/Gegner) auch darauf, Hinweise über thematische Kopplungspunkte abzuleiten, wie einige Schlüsselakteure in der Matrix so positioniert werden können, dass aus ihrem latenten Bedrohungs- ein offenes Unterstützungspotenzial wird. Insgesamt sind unterstützende Stakeholder in das Netzwerk einzubinden, um von ihrem Unterstützungspotenzial zu profitieren. Marginale Stakeholder, die weder ein großes Unterstützungs- noch ein bemerkenswertes Bedrohungspotenzial aufweisen, stehen nicht im Mittelpunkt der Vernetzungsinitiative. Gegenüber nicht unterstützenden Stakeholdern wird eine Verteidigungsstrategie empfohlen, damit die Störkraft ihrer Einflussmöglichkeiten abgemildert werden kann (vgl. Theuvsen 2001, S. 15).

In der Bestandsaufnahme des Akteursfeldes kommt nach der Identifikation des Vernetzungspotenzials die *„Fähigkeitsmatrix"* zur Anwendung, um die Kopplungsoptionen näher zu bestimmen (vgl. Kraege 1997, S. 147 ff.). Im Vorfeld der Initiierung einer Netzwerkkooperation werden mit diesem Instrument die vergangenen eigenen Erfolge und Misserfolge sowie die Erfolge und Misserfolge von

Stakeholdern in einen direkten Bezug gesetzt, indem die erfolgskritischen Faktoren sowie die zwischen ihnen bestehenden Interdependenzen reflektiert werden. Dabei werden die Kernkompetenzen der identifizierten Akteure überprüft, ob sie sich komplementär zu den eigenen verhalten, zu welchem Grad sie nicht substituierbar sind und welchen Nutzenbeitrag sie leisten können (vgl. Hess 2002, S. 232 ff.). Es wird eine Dekomposition der gesamten produkt- bzw. dienstleistungsbezogenen Wertschöpfungskette der eigenen und der betrachteten Organisationen in Subkomponenten und Teilaktivitäten vorgenommen (wie z. B. eingesetzte Technologie, einzelne Schlüsselprozesse oder Zugänge zu den Adressaten). Die möglichen Partner müssen im Ergebnis (vgl. Kraege 1997, S. 160 ff.):

- nach Komplementaritätskriterien ressourcen- und strukturbezogene Anforderungen erfüllen und
- nach Kompatibilitätskriterien vom Profil der Strategien, Strukturen und der Kultur der Organisationen her ein Zustandekommen der Kooperation ermöglichen und eine Grundstabilität der Partnerschaft sichern.

Aus der Einschätzung der relativen Leistungsfähigkeit und der Passung werden fähigkeitsorientierte Normstrategien für die mögliche Kopplung im Rahmen einer Netzwerkkooperation abgeleitet. Faktoren der Bewertung sind die Transaktionskosten, ein potenzieller Schaden durch „Fähigkeitstransfer" (z. B. das Abschöpfen des eigenen Know-how durch Konkurrenten) und der Verlust an Selbständigkeit. Strategisch wird dabei die Bedeutung der Netzwerkkooperation mit einem betrachteten Stakeholder im Portfolio der eigenen Organisation – in Relation zum Kooperationsfeld und zu den eigenen Kernprozessen – bewertet.

4.3 Two-Mode-Netzwerkanalyse

Nachdem die – für den Netzwerkgegenstand – relevanten Anspruchsgruppen und Schlüsselpersonen im Rahmen einer Stakeholderanalyse ermittelt worden sind, sollte im nächsten Schritt betrachtet werden, in welche Kooperationskreise sie eingebettet sind. Mit anderen Worten: Es ist vorab zu erkunden, in welche Vorvernetzungen diese Akteure bereits eingebunden sind, ob diese Strukturen für die Bearbeitung weiterer wichtiger Themen genutzt werden können oder ob die Konstituierung eines neuen Netzwerks unabdingbar ist.

Das Analyseinstrument, mit dem diese bestehenden Vernetzungen transparent gemacht werden können, ist die *Akteur-Ereignis-Matrix* der Two-Mode-Netzwerkanalyse (vgl. Abb. 4-4). Die vorgefundenen Vernetzungen werden bimodal – nach Akteuren und Ereignisorten differenziert – dargestellt. Dabei wird davon ausgegangen, dass zwischen Akteurspaaren soziale Beziehungen zwangsläufig entstehen, die regelmäßig bei Gelegenheiten zusammentreffen.

„Die Analyse bimodaler Netzwerke ist durch die Überlegung motiviert, dass soziale Beziehungen nicht unabhängig voneinander entstehen, sondern dass es Gelegenheiten bedarf, die den Rahmen für die Entstehung sozialer Beziehungen bieten. Gelegenheiten zum Herstellen sozialer Beziehungen können auf sehr unterschiedliche Weisen entstehen, z. B. dadurch, dass sich mehrere Akteure zur selben Zeit am selben Ort befinden oder dadurch, dass mehrere Akteure gemeinsam ein und denselben Kommunikationskanal benutzen. Derartige Gelegenheiten bilden in dieser Sichtweise jedoch keine hinreichende, sondern nur eine notwendige Bedingung für die Entstehung von sozialen Beziehungen" (Rausch 2010, S. 421).

Um eine Akteur-Ereignis-Matrix zu erstellen, wird folgende Vorgehensweise empfohlen (vgl. Abb. 4-4 bis 4-6):

1) Erhebung aller Netzwerke, Gremien und Arbeitskreise in der Kommune, die in einer lokalen (Sozial-)Raumeinheit oder um einen Themenkomplex vorzufinden sind;
2) Sammlung der Protokolle und Mitgliederlisten dieser Beziehungskreise und Übertragung in die Matrix;
3) Erstellung der Akteur-Ereignis-Matrix als zweidimensionale Tabelle, in deren Kopfzeile die Netzwerke, Gremien und Arbeitskreise als Ereignisse eingetragen werden und in der Kopfspalte alle in den Protokollen und Mitgliederlisten namentlich oder als Stelle einer Organisation genannten Akteure.
4) Falls ein in der Zeile genannter Akteur an dem in der Spalte genannten Ereignis teilgenommen hat, wird in die Matrix eine 1 eingetragen.
5) Veränderung der Reihenfolge von Zeilen in der bimodalen Matrix, um die Struktur der sozialen Beziehungen im Gesamtgefüge zu erkennen. Dabei werden sowohl die Überlappung von Cliquen als auch spezifische Teilnehmerinnen mit zentralen bis zu peripheren Positionen im Netzwerk identifiziert (vgl. Rausch 2010, S. 422).
6) Vergabe von Gewichten zur Identifizierung von Schlüsselpersonen, die laut den Protokollen regelmäßig teilnehmen und häufig als Ideengeber hervorgehoben wurden: Beispielsweise kann bei Aktiven eine 3 und bei selten teilnehmenden passiven Akteuren ein kleiner Wert (wie 1) in der Matrix eingetragen werden.
7) Wenn es keine Verbindungen gibt, also keine Personen die Beziehungskreise über Doppel- oder Mehrfachmitgliedschaften untereinander vernetzen, dann kann ein strukturelles Loch diagnostiziert werden.

Abbildung 4-4 Tabellenaufstellung für die Akteur-Ereignis-Netzwerkanalyse

Akteure	Ereignisse in der Kommune						Häufigkeit
	Strategische Planungsrunde	Netzwerk Frühe Hilfen	AK Übergang KiTa-Schule	Stadtteilrunde	AK 50+	AG Freie Wohlfahrtspfl.	
Verwaltung 1		1					1
Verwaltung 2	1	1			1		3
Verwaltung 3	1			1			2
Verwaltung 4	1				1		2
Verwaltung 5		1		1			2
Verwaltung 6	1		1				2
Verwaltung 7	1						1
Verwaltung 8	1		1				2
Verwaltung 9			1				1
Zivilgesell. 1		1	1	1	1		4
Zivilgesell. 2		1	1				2
Zivilgesell. 3				1		1	2
Zivilgesell. 4				1		1	2
Zivilgesell. 5		1		1		1	3
Zivilgesell. 6				1		1	2
Zivilgesell. 7		1		1		1	3
Zivilgesell. 8						1	1
Zivilgesell. 9		1					1
Zivilgesell. 10					1	1	2
Zivilgesell. 11		1	1				2

Eigene (fiktive) Darstellung

Abbildung 4-5 Umsortierung der Tabelle zum Erkennen überlappender Cliquen

Akteure	Ereignisse in der Kommune						Häufigkeit
	Strategische Planungsrunde	Netzwerk Frühe Hilfen	AK Übergang KiTa-Schule	Stadtteilrunde	AK 50+	AG Freie Wohlfahrtspfl.	
Verwaltung 1		1					1
Verwaltung 2	1	1			1		3
Verwaltung 6	1		1				2
Verwaltung 7	1		1				1
Verwaltung 9			1				1
Zivilgesell. 1		1	1		1	1	4
Zivilgesell. 2		1					2
Zivilgesell. 11		1	1				2
Zivilgesell. 5		1		1		1	3
Zivilgesell. 7		1		1			3
Zivilgesell. 9				1			1
Verwaltung 3	1	1					2
Verwaltung 5		1					2
Zivilgesell. 3				1		1	2
Zivilgesell. 4					1		2
Zivilgesell. 6					1		2
Verwaltung 8	1				1		2
Verwaltung 4	1				1		2
Zivilgesell. 10					1	1	2
Zivilgesell. 8						1	1

Eigene (fiktive) Darstellung

Two-Mode-Netzwerkanalyse

Abbildung 4-6 Identifizierung zentraler Akteure im Akteur-Ereignis-Netzwerk mit hohem Verbindungspotenzial

Akteure	Ereignisse in der Kommune							Häufigkeit
	Strategische Planungsrunde	Netzwerk Frühe Hilfen	AK Übergang KiTa-Schule	Stadtteilrunde	AK 50+	AG Freie Wohlfahrtspfl.		
Verwaltung 1	1							1
Verwaltung 2	1	1			1			3
Verwaltung 6	1		1					2
Verwaltung 7	1							1
Verwaltung 9			1					1
Zivilgesell. 1		1			1	1		4
Zivilgesell. 2		1	1					2
Zivilgesell. 11		1	1					2
Zivilgesell. 5		1		1		1		3
Zivilgesell. 7		1		1		1		3
Zivilgesell. 9		1						1
Verwaltung 3		1		1				2
Verwaltung 5				1				2
Zivilgesell. 3				1	1			2
Zivilgesell. 4					1			2
Zivilgesell. 6					1	1		2
Verwaltung 8	1				1			2
Verwaltung 4	1				1			2
Zivilgesell. 10					1			2
Zivilgesell. 8						1		1

Eigene (fiktive) Darstellung

Im Rahmen einer *Neusortierung der Reihenfolge der Zeilen* sind die Cliquen zu erkennen, die sich überlappen. Die fiktive Beispieltabelle (vgl. Abb. 4-5) enthält drei Cluster, in denen sich Akteure aus der Kommunalverwaltung und aus zivilgesellschaftlichen Organisationen – in diesem Fall Träger der Freien Wohlfahrtspflege – (1) um Jugendhilfethemen, (2) um den Stadtteilbezug und (3) um Fragestellungen der Altenhilfe herum gruppieren.

In einem weiteren, vertiefenden Schritt werden *die zentralen* und *die peripheren Akteure des sozialen Netzwerkes* in der bimodalen Matrix ermittelt: Der Verwaltungsakteur 2 verknüpft als einziger administrativer Vertreter sowohl den Jugendhilfecluster als auch den Altenhilfecluster. Und der zivilgesellschaftliche Akteur 1 überbrückt die beiden thematischen Felder und ist zudem im Interessennetzwerk der AG Freie Wohlfahrtspflege verankert. Um weitere Informationen zu gewinnen, könnten mit den beiden Akteuren egozentrierte Netzwerkanalysen durchgeführt werden. Mit dieser Methode lassen sich die Netzwerkpositionen der beiden noch tiefgreifender aufklären (vgl. Herz 2012; Schubert 2018, S. 101 ff.). Das Analyseergebnis legt nahe, die beiden Akteure in die strategische Weiterentwicklung oder Neustrukturierung eines lokalen Netzwerkes zu integrieren.

Die Akteure der Stadtteilrunde sind in Folge der Überlappungen mit beiden Themenfeldern verbunden. Die Verbindung sichern sowohl ein Verwaltungsakteur (Nr. 3) als auch Mitglieder zivilgesellschaftlicher Organisationen (Nr. 5, 7, 9 sowie 4 und 6).

Eine periphere Position nehmen der Verwaltungsakteur Nr. 7 und der zivilgesellschaftliche Akteur Nr. 8 ein. Beide konzentrieren sich nur auf ihren sektoralen Zusammenhang.

Formal lässt sich der Zusammenhang folgendermaßen zusammenfassen

Gegeben sind eine Menge N von g Akteuren n_1, ..., n_i, ..., n_g und eine Menge M von h Gelegenheit m_1, ..., m_j, ..., m_h, soziale Beziehungen einzugehen. Die beiden Mengen N und M sind durch eine Relation R verknüpft, durch die die Partizipation der verschiedenen Akteure an den verschiedenen Gelegenheiten definiert ist. Es gilt: n_i und m_j stehen in der Relation R genau dann, wenn Akteur n_i an der Gelegenheit m_j teilnahm. Das Tripel (N, M, R) aus der Menge der Akteure N, der Menge der Gelegenheiten M und der Relation R nennt man ein bimodales Netzwerk. Ein bimodales Netzwerk kann als eine binäre Matrix A geschrieben werden, wobei $a_{ij} = 1$ genau dann gilt, wenn der Akteur n_i an der Gelegenheit m_j teilnahm (Rausch 2010, S. 422).

Zur Zerlegung der Netzwerkmatrix anhand mathematischer Kriterien und Algorithmen sind weitergehende Informationen zu finden bei Borgatti (2007) und Rausch (2010).

4.4 Aufbauorganisation

Nachdem die Analysen durchgeführt wurden, reift die Erkenntnis, dass beim Aufbau eines Netzwerks die Strukturen häufig nicht vollständig neu zu generieren sind, sondern dass auf vorhandene Verbindungen zurückgegriffen werden kann. Im § 3 KKG des Bundeskinderschutzgesetzes heißt es im Hinblick auf das Netzwerk Frühe Hilfen, der für die Konstituierung verantwortliche örtliche Träger der Jugendhilfe solle auf vorhandene Strukturen zurückgreifen. Dabei ist darauf zu achten, dass zwischen den Beteiligten bilaterale Beziehungen bestehen und die dyadischen Verbindungen im Hinblick auf das Netzwerkziel definiert sind. Insofern kann nicht davon ausgegangen werden, dass ein Netzwerk bereits besteht, wenn sich die eingeladenen Akteure in einem Raum versammelt haben. Denn in vielen Fällen ist der Großteil der Akteure untereinander unverbunden. Als Grundlage des Netzwerkes ist deshalb zu klären, welche bestehenden Beziehungen genutzt werden können und welche Beziehungen generiert werden sollten.

Für die Aufbauorganisation des Netzwerks sind drei Komponenten bedeutsam: (1) Die Basis eines Strukturnetzwerks, (2) die darauf aufbauenden Themen- oder Handlungsnetzwerke und (3) die Koordination.

Das *Strukturnetzwerk* repräsentiert die flächendeckend verbindliche und in ihren bilateralen fachlichen Beziehungspunkten definierte Zusammenarbeit zwischen den einzubeziehenden Diensten, Einrichtungen, Organisationen und Vereinen. Aderhold fasst ein organisiertes Netzwerk als systemübergreifende Struktur auf: „Das netzwerkbildende Medium ist Potenzialität im Sinne aktivierbarer oder […] aktiver Kontakte" (Aderhold 2009, S. 199). So betrachtet repräsentiert das Strukturnetzwerk das „soziale Potenzial zukünftiger Zusammenarbeit" (ebd., S. 200). Im sozialwirtschaftlichen Kontext geht es darum, im Strukturnetzwerk Kontakte aufzubauen und Kontaktpartner zugänglich zu machen. Damit es wirksam werden kann, soll das Strukturnetz von den Führungs- und Entscheidungskräften der Leistungsträger und Institutionen als interinstitutionelles Beziehungssystem aufgebaut und getragen werden. Damit der zivilgesellschaftliche Bereich im Strukturnetzwerk angemessen vertreten ist, lohnt es sich auch, Sprecherinnen oder Sprecher von Adressatinnen- und Adressateninteressen – wie z. B. Elternvertretungen frühkindlicher Einrichtungen – zur Mitarbeit zu gewinnen.

Das Strukturnetzwerk stellt vor allem ein Informationsnetzwerk dar: Denn die Akteure im Netzwerk informieren sich gegenseitig über das bestehende Angebots- und Aufgabenspektrum und gleichen den Bestand mit dem lokal oder regional festgestellten Bedarf ab. Weitergehend klären sie untereinander strukturelle Fragen einer abgestimmten Angebotsgestaltung und -entwicklung. Auf dieser Grundlage werden Themen- bzw. Handlungsnetzwerke gebildet, die Verantwortung für eine koordinierte Entwicklung und Gestaltung verknüpfter Angebote – wie zum Beispiel eine Präventionskette – übernehmen. Damit die Bedarfsstrukturen unter einem integrierten Blickwinkel flächendeckend festgestellt werden können, empfiehlt sich eine Zusammenarbeit mit der kommunalen Sozialplanung, Jugendhilfeplanung, Bildungsplanung und Planung der öffentlichen Gesundheitsdienste sowie eventuell mit weiteren fachlich begründeten Planungsgruppen. Im Planungsprozess werden unter anderem die „strukturellen Löcher" zwischen den beteiligten Trägern und Diensten aus den verschiedenen Feldern und Hilfesystemen im Hinblick auf den Adressatennutzen der verschiedenen Zielgruppen (im Sozialraum) diagnostiziert. Es wird abgeleitet, für welche präventiven Leistungen und Maßnahmen kooperative Verbindungen verschiedener Träger und Disziplinen erforderlich sind.

Die einzelnen fachübergreifenden Lösungsansätze, die in der operativen Netzwerkarbeit vor Ort zu verfolgen sind, können nicht vom Strukturnetzwerk geleistet werden. Dafür sind *Themen- oder Handlungsnetzwerke* erforderlich, in denen nicht mehr alle Akteure mitwirken, sondern nur diejenigen, die eine – auf einen bestimmten Bedarf gerichtete – kooperative Maßnahme gemeinsam verantworten. Das Strukturnetzwerk vereinbart, welche einzelnen Produkte entstehen sollen und wie das über die Ebenen der kommunalen Verantwortung unterstützt werden kann.

Ausgehend vom Strukturnetzwerk sind Schlüsselpersonen der verschiedenen Einrichtungen und Dienste der unterschiedlichen Ressorts zur intersektoralen Kooperation zu gewinnen und davon zu überzeugen, kleinere Handlungsnetzwerke zu bilden und untereinander Kooperationsbeziehungen zu initiieren, die eine gelungene und erfolgreiche Performance konkreter Maßnahmen garantieren. Vor diesem Hintergrund ist davon abzuraten, einfach nur alle Dienste und Einrichtungen im kommunalen Einzugsbereich zur Vernetzung im Strukturnetzwerk aufzurufen. Wenn sich jeder mit jedem vernetzt, entspricht das nicht mehr der bereits angesprochenen Effizienzlogik, sondern der aufwändigen Gruppenlogik. Beim Netzwerkaufbau ist daher darauf zu achten, die Akteure nicht mit unnötigem Vernetzungsdruck zu überfordern. Vielmehr müssen diejenigen gezielt miteinander verbunden werden, deren Kooperationen einen höheren Adressatennutzen versprechen und deren Verbindungen sowie abgestimmte Ergänzungen die Leistungsfähigkeit und Wirksamkeit des Netzwerks garantieren.

Die Handlungsnetze bilden sich aus bereichsübergreifenden Kooperationen der jeweiligen fachlichen Handlungsfelder (vgl. Abb. 4-7). In den kleineren Handlungsnetzen kooperieren Akteure aus den unterschiedlichen Feldern und arbeiten operativ aus, wer welchen Beitrag bei integrierten Maßnahmen leistet, die den Bedürfnissen und Interessen der Adressatinnen und Adressaten Rechnung tra-

Aufbauorganisation

Abbildung 4-7 Strukturnetzwerk und Handlungsnetzwerke als Teil der Gesamtvernetzung

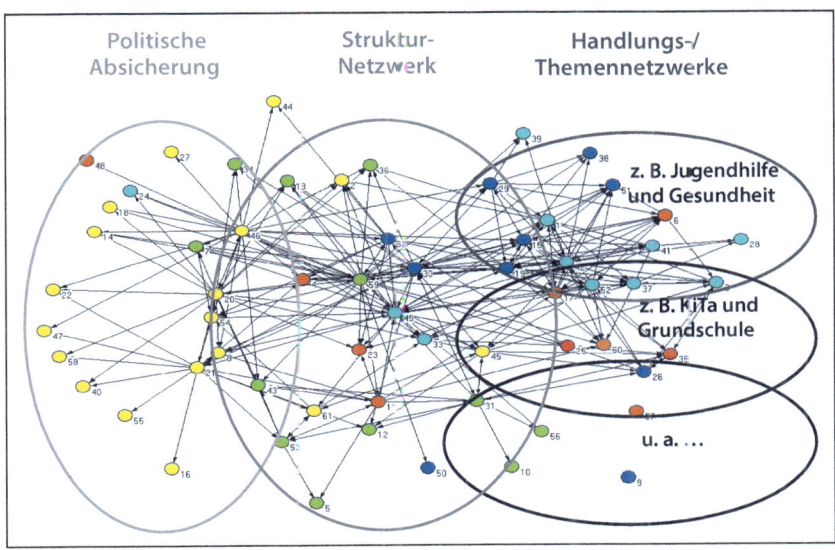

Eigene Darstellung

gen. Die thematischen bzw. umsetzungsbezogenen Handlungsnetzwerke stimmen – als letzte Stufe der Kaskade – die Angebote aufeinander bzw. untereinander ab und entwickeln die neuen integrierten Dienstleistungen. Dabei formulieren sie auch die Qualitätsstandards von Verbundprodukten und stellen die Einhaltung zwischen den beteiligten Einrichtungen und Diensten sicher. In den Handlungsnetzen sind vor allem die operativen Fachkräfte zu beteiligen.

Die Verantwortung für die Umsetzung übernehmen die Mitglieder des jeweiligen Handlungsnetzwerks – das übergreifende Management und die Netzwerkkoordination begleiten diesen Prozess lediglich, organisieren die eventuell notwendige Unterstützung und stellen die Rückbindung zum Strukturnetzwerk her.

Das Strukturnetzwerk repräsentiert das gesamte lokale oder regionale Netzwerk, die Handlungsnetzwerke müssen als Teilausschnitte daraus verstanden werden. Das Netzwerkmanagement stellt eine Führungsaufgabe im Strukturnetzwerk dar und bezieht sich auf die Organisation des gesamten Netzwerks. Dabei sind in besonderer Weise Leitungspersonen in zuständigen Dezernaten oder Fachbereichen des öffentlichen Trägers gefordert Verantwortung zu übernehmen. Erfahrungsgemäß gelingt dies im Kontext eines *Koordinierungskreises*, der einen

Rahmen für das Strukturnetzwerk in der Abstimmung mit den Führungs- und Entscheidungskräften von Leistungsträgern setzt. In gleicher Weise muss der Koordinierungskreis regeln, welche Rahmenbedingungen gebraucht werden und wie die im Strukturnetz getroffenen Vereinbarungen operativ umgesetzt werden sollen.

Die *operative Koordination* bezieht sich demgegenüber in erster Linie auf die *Prozessorganisation des Strukturnetzwerkes* – das erfolgt im Sinne einer Koordinationsstelle, die im Auftrag von Leitungspersonen entweder im zuständigen Dezernat bzw. Fachbereich des öffentlichen Trägers handelt oder im Sozialraum als Quartierskoordination platziert ist oder zwischen Organisationen der Sozialwirtschaft vermittelt, um den gesetzten Rahmen des Netzwerkmanagements realisieren zu können. In zweiter Linie bezieht sich die Koordination auf die *Unterstützung und Begleitung der Handlungsnetzwerke*, damit deren operative Leistungen im selbstverantwortlichen Zusammenwirken verschiedener Akteure erfolgreich verknüpft werden können. Daraus resultiert die Anforderung, sowohl auf der Strukturnetzwerkebene als auch zwischen den Teilvernetzungen zu vermitteln: Im Strukturnetzwerk treffen die Führungs- und Entscheidungskräfte der Leistungsträger und Institutionen die strategischen Vereinbarungen. Die Koordinationskraft nimmt dabei die Funktion eines Knotenpunkts wahr, die den Prozess sicherstellt, mit Informationen versorgt und dokumentiert.

Die *Moderation* des Strukturnetzwerkes sollte allerdings bei einer Führungskraft des öffentlichen oder eines freien Trägers liegen, die über eine besondere Reputation verfügt. Dadurch wird der Verpflichtungsgrad erhöht, dass die Vertretungen der Leistungsträger und Institutionen die Vereinbarungen als Aufträge an ihre operativen Einheiten und Kräfte weitergeben, mit denen sie verbunden sind. Insofern liefert das Strukturnetzwerk eine inhaltliche Orientierung sowie einen plausiblen Begründungskontext.

Vor allem in der Aufbauphase des Netzwerkes werden alle Verantwortungsebenen einbezogen: Auf den Ebenen der Kommunalpolitik und der Entscheiderinnen und Entscheider der Verwaltung bietet sich die Form eines steuernden Koordinierungskreises an, der Hürden beiseite räumt und förderliche Bedingungen schafft. Für das Netzwerk Frühe Hilfen zum Beispiel wird es als wünschenswert erachtet, dass sich die führenden Kräfte des Gesundheits-, Jugendhilfe-, Sozial-, Sport-, Stadtentwicklungs- und Schulausschusses, der Gesundheits-, Sozial-, Jugendhilfe- und Schulverwaltung engagieren. In diesem – die Leitungsebene verbindenden – Gremium können die Entscheidungs- und Führungskräfte der fachlich betroffenen politischen Ausschüsse und Verwaltungseinheiten den Aufbau des Netzwerks als lokale Infrastruktur absichern. Es sind aber auch leitende Personen von Organisationen, Institutionen und Verbänden der Sozialwirtschaft einzubeziehen, die für die Sicherstellung der Versorgung in den jeweiligen Feldern bedeutsam sind. Der Koordinierungskreis schafft die Rahmenbedingungen für die vorbereitende Fachplanung, für die Richtlinien der Kooperation und für die Steuerung des Prozesses. Es ist nützlich, wenn in der Verwaltung ergänzende Unterstützungsstrukturen eingerichtet werden, die Planungsinformationen, Finanz- und Sachmittel sowie spezielles Know-how ressort-, professions- und organisationsübergreifend bereitstellen.

Das *Zusammenspiel* von *„steuerndem Koordinierungskreis – Strukturnetzwerk – Handlungsnetzwerk – operativer Koordination"* ist erforderlich, damit die Effekte der Vernetzung auch bei den Adressatinnen und Adressaten ankommen. Anderenfalls besteht das Risiko, dass im Strukturnetzwerk nur über die Bedarfe gesprochen wird, ohne zu wirkungsvollen Maßnahmen zu gelangen. Daher ist das vorbereitende „Verhandeln", in dem der Bedarf festgestellt und kooperative Hilfeideen entworfen werden, ohne Verzögerungen in den Arbeitsmodus des „Handelns" zu bringen, der auf der konkreten Vereinbarung einer Qualität an den Schnittstellen und einem realisierten Zusammenspiel der Kooperationspartner basiert. Damit die Netzwerkpraxis gelingen kann, muss die richtige Balance zwischen Verhandeln und Handeln gefunden werden. In der Verhandlungsphase muss abgestimmt werden, wie die Beteiligten zusammenarbeiten werden und wie die fachliche Praxis unter aktiver Partizipation der Adressaten nach den vereinbarten Qualitätsaspekten stattfinden soll. In der anschließenden Handlungsphase müssen die vereinbarten Maßnahmen und Kooperationen in einer gelingenden Praxis umgesetzt werden.

4.5 Netzwerkentwicklung in Sekundär- und Primärprozessen

Die operativen Aktivitäten in der Sozialwirtschaft repräsentieren im Allgemeinen die Primärprozesse; ihre strategische Vor- und Nachbereitung werden als Sekundärprozesse verstanden (vgl. Fürmann und Dammasch 2002, S. 18ff.). Im Zentrum von organisierten Netzwerken steht die operativ an Primärprozessen ausgerichtete Informations- oder Dienstleistungskette; sie wird unterstützt von strategisch an Sekundärprozessen ausgerichteten Netzwerkaktivitäten (Aufbau und Absicherung der Handlungskoalition). Im Fokus steht die primäre Vernetzungsebene, d. h. die Prozess- und Ergebnisqualität bei den Adressatinnen und Adressaten, aber dies wird nur durch eine gelungene sekundäre Vernetzung möglich. Durch die interinstitutionelle Kooperation werden einzelne – bisher isoliert erbrachte – Dienstleistungsprozesse miteinander zu der operativ wirkungsvolleren Primärprozesskette verbunden. Dies setzt auf der sekundären Vernetzungsebene Kooperations- und Informationsprozesse für den Austausch sowie die gemeinsame Verarbeitung von Informationen untereinander voraus.

Nach der reinen Orientierung an „effizienten Prozessen" (nach der Logik des New Public Managements) zu Beginn der 1990er Jahre verschob sich das Interesse der Netzwerkorganisation vermehrt zu „wirkungsvollen Prozessen" nach der Governancelogik (vgl. Vahs 2015, S. 244). Statt sich am schlichten Modell der schlanken Organisation (Lean Management) zu orientieren, werden drei Orientierungsdimensionen von der Netzwerkkooperation integriert (vgl. Abb. 4-8): die Adressatenorientierung, die Produkt- inklusive Qualitätsorientierung und die Kompetenzorientierung.

Die Leitbilder der Organisationsentwicklung verdichteten sich über mehrere Stufen. In der kommunalen Daseinsvorsorge werden diese Stufen repräsentiert von: (a) einer Neuorganisation des Planungs- und Handlungssystems (Sozialraumorganisation als Reengineering der Kommunalverwaltung aus der Anforderungsperspektive der Bürgerin und des Bürgers als Adressaten/Kunden), (b) der Betonung des Qualitätsmanagement in den einzelnen Infrastruktureinrichtungen, und (c) der Vernetzung von Infrastrukturen verschiedener Fachbereiche im Sozialraum, um die notwendigen Kompetenzen unter dem Postulat der Adressaten- und Qualitätsorientierung strategisch und operativ zu bündeln. Dieses Prinzip wurde in der Erwerbswirtschaft entwickelt: Weil kleine und mittlere Unternehmen meistens nur Teilsequenzen von Prozessketten bearbeiten konnten, wurden fehlende Kompetenzen angelagert oder durch Kooperation vervollständigt, um verbesserte Leistungserstellungsprozesse und innovative Dienstleistungsketten entwickeln zu können (vgl. Aderhold 2009, S. 196).

Die neue Organisationsform soll in der Lage sein, unter den Bedingungen schneller Veränderungen spezifische und zeitgemäße örtliche Lösungen herbeizuführen. Die Kopplung zuvor isolierter Organisationseinheiten zu organisierten Netzen versetzt die Beteiligten in die Lage, variabel auf den Anstieg der Geschwindigkeit der Erneuerungszyklen des Wissens und Handelns zu reagieren. Der Informationsfluss und die Interaktion werden nach Bedarf und nicht nach einem starren Hierarchiemodell organisiert. Qualitätsvoller bearbeitet werden auch die Schnittstellen der professionellen Akteure, wenn die funktional getrennten Spezialisten der Fachbereiche bei der Anwendung des Wissens ihre gegenseitigen Abhängigkeiten berücksichtigen (vgl. Schulz-Schaeffer 2011, S. 187 ff.). Der Fokus der Organisationsentwicklung im Laufe der vergangenen Jahrzehnte ist somit darauf ausgerichtet, die Prozesse wirkungsvoller zu gestalten, und organisierte Netzwerke sind ein relevanter Baustein in dieser Entwicklung.

Die Menschen erleben die verschiedenen Teilfunktionen der unterschiedlichen Fachdienste und Ressorts in ihrem Lebensumfeld als Einheit bzw. als zusammenhängende Versorgungskette: Beispielsweise nehmen Eltern, deren Kind vormittags in einer Kindertagesstätte eine Sprachförderung erhält und an eini-

Abbildung 4-8 Trend in der Organisationsentwicklung zur Netzwerkkooperation

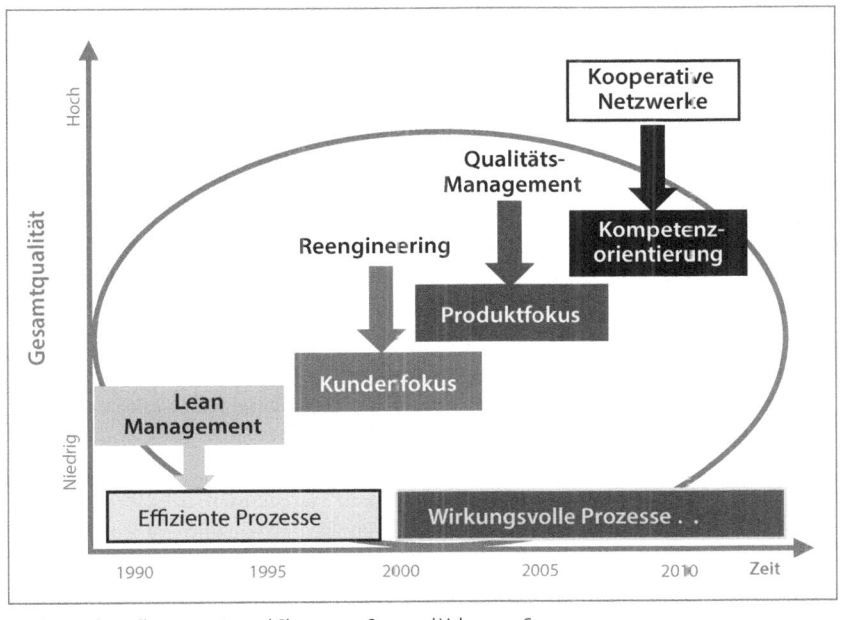

Quelle: nach Nadler, Gerstein und Shaw 1992, S. 33 und Vahs 2015, S. 244

gen Nachmittagen in der Woche physiotherapeutisch gefördert wird sowie durch die Sozialpädagogische Familienhilfe unterstützt wird, dieses Zusammenwirken als geschlossenen Zusammenhang wahr, der eine umfassende positive Entwicklung des Kindes ermöglicht. Allerdings koordinieren die beteiligten Dienste und Einrichtungen ihr Angebot nur selten untereinander; denn sie gehören den separierten Zuständigkeitsbereichen der Jugendhilfe in Tageseinrichtungen, der Hilfe zur Erziehung und des Gesundheitswesens an. Organisierte Netzwerke überwinden diese Ressortbarrieren und verfolgen eine Prozesslogik, bei der die qualitätsvolle Entwicklung der Adressatin und des Adressaten als Ganzes im Mittelpunkt steht (vgl. Behjat 2007).

In der Netzwerkperspektive der interinstitutionellen Kooperation in Dienstleistungs- oder Wertschöpfungsnetzwerken werden die isolierten Einzelprozesse der Einrichtungen und Institutionen zu einer wirkungsvolleren Prozesskette verbunden (vgl. Rüegg-Stürm und Grand 2017, S. 13 ff.). Die einzelnen Leistungen werden – unter der Perspektive des Gesamtbedarfs und der Gesamtentwicklung – zu einer Folge von logisch zusammenhängenden Aktivitäten integriert, wenn es für die Adressatin oder den Adressaten einen höheren Nutzen verspricht. So betrachtet stellen die Kombination der Inputs und Aktivitäten von Kindertageseinrichtung, Physiotherapie und ASD in dem zuvor genannten Beispiel eine zusammenhängende Prozesskette dar, die im ergänzenden Zusammenspiel zu der intendierten Wertschöpfung einer umfassenden Persönlichkeitsentwicklung führt. Die sich ergebende Wertkette gliedert alle bisher isolierten Einzelaktivitäten in einen neuen Zusammenhang, der in der Verbundenheit effizienter, qualitätsfokussiert und wirksamer organisiert werden kann. Durch diese Verknüpfung sollen die Chancen von Kindern und Familien in sozioökonomischen Risikolagen erhöht werden. Dazu werden bestehende Angebote so zusammengeführt, dass ein untereinander abgestimmtes Handeln erreicht wird. Aus dem Nebeneinander bestehender fachlicher Aktivitäten wird durch Vernetzung ein Miteinander (vgl. Landesvereinigung für Gesundheit und Akademie für Sozialmedizin Niedersachsen 2013, S. 25 ff.).

Es wurde bereits darauf hingewiesen, dass organisierte Netzwerke in der Sozialwirtschaft ihre Aktivitäten auf den Adressatennutzen abstimmen müssen. Im Netzwerk Frühe Hilfen beispielsweise sollen kleine Kinder in ihrer Entwicklung umfassend gefördert und die Kompetenzen von (werdenden) Müttern und Vätern gezielt entwickelt werden, um den Gefahren von Entwicklungsstörungen und gesundheitlichen Beeinträchtigungen der Kinder vorzubeugen bzw. eine vorteilhafte frühkindliche Entwicklung zu stärken. Das Zusammenwirken von Einrichtungen und Diensten aus den unterschiedlichen Feldern und Hilfesystemen soll sich in einem Dienstleistungsnetzwerk insbesondere daran und nicht an einzelnen Ressortinteressen orientieren (vgl. Fließ 2006, S. 31 ff.).

Wenn der Adressatennutzen in den Mittelpunkt gestellt wird, repräsentiert die *Prozesslogik* das entscheidende Erfolgskriterium: Die Verbindung und Kombination von zuvor isolierten Leistungen aus den verschiedenen Feldern und Hilfesystemen im Rahmen eines organisierten Netzwerks führt zu einer wirkungsvolleren Persönlichkeitsentwicklung der Adressatin oder des Adressaten als „Wertschöpfung". Wenn die Dienste und Einrichtungen der beteiligten Felder und Hilfesysteme ihr Angebot und ihre Leistungen untereinander nicht koordinieren und stattdessen weiter in separierte Zuständigkeitsbereiche zerfallen lassen, entspricht dies nicht einer integrierten Prozesslogik; denn jede Disziplin nimmt nur ihre begrenzte fachliche Perspektive ein, so dass die qualitätsvolle Entwicklung von Adressatinnen und Adressaten nicht ganzheitlich im Mittelpunkt steht.

Die *Prozesskette eines Dienstleistungsnetzwerks* umfasst die direkten (Primärprozess) und die unterstützenden Aktivitäten (Sekundärprozess). Die Abstimmung ist vor allem Aufgabe der Beteiligten beim operativen Zusammenwirken (Handlungsnetz) und weniger eine Leistung der Koordinationskraft. Das Zusammenwirken besteht im abgestimmten Erbringen der Dienstleistungen unter Mitwirkung der Adressaten (Koproduktion). Mit den unterstützenden Aktivitäten – wie z. B. die Abstimmung des Ineinandergreifens der Träger – wird sichergestellt, dass die unmittelbaren Leistungen effizient und effektiv stattfinden können. Im Unterstützungsprozess werden die Qualität und die Verknüpfung der direkten Aktivitäten von den Beteiligten der jeweiligen Prozesskette (Handlungsnetz) vorbereitet; sie reichen von der vorbereitenden Beschaffung von Materialien und Know-how bis hin zur Bereitstellung von humanen und materiellen Ressourcen (z. B. im Rahmen der Personalwirtschaft). Die Koordinationskraft begleitet den Unterstützungsprozess und koppelt die Informationen sowie Erkenntnisse zurück in den Kreis des übergeordneten Strukturnetzwerkes.

Nachdem sich die Akteure im Strukturnetzwerk gegenseitig über das bestehende Angebots- und Aufgabenspektrum informiert und den Bestand mit dem lokal oder regional festgestellten Bedarf abgeglichen haben (Modus des Informationsnetzwerks), können sie im nächsten Schritt untereinander strukturelle Fragen einer gemeinsamen Angebotsentwicklung sowie -gestaltung abstimmen und in den Modus des Dienstleistungsnetzwerkes übergehen. Um die Situation der Adressatinnen und Adressaten zu verbessern, können die Angebote auf der Handlungsebene zu einer „Dienstleistungskette" verknüpft werden. Der Aufbau der Kette stellt quasi ein „Puzzle-Spiel" dar, denn bestehende Dienstleistungsangebote – in den verschiedenen Bereichen der Gesundheit, Jugendhilfe, Soziales, Bildung etc. – können bedarfsbezogen miteinander verknüpft werden.

Ein organisiertes Netzwerk in der Form einer Dienstleistungskette hat die Funktion, Mangelerscheinungen in der Bedürfnisbefriedigung zu kompensieren. In Anlehnung an die Bedürfnispyramide von Maslow sind zuerst die Bedürfnisse nach Versorgung, Gesundheit, Schutz, Behausung und Mobilität zu befriedigen. Nach diesen Grundbedürfnissen folgen soziale und kulturelle Bedürfnisse der Anerkennung, sozialen Einbettung und Selbstverwirklichung. Aus der Mangelsituation lässt sich ein Bedarf an Dienstleistungen ableiten, mit denen die Bedürfnisbefriedigung der Adressatinnen sowie Adressaten und weitergehend ihre positive Entwicklung sichergestellt werden kann (z. B. im Hinblick auf die Grundbedürfnisse: durch die Zuwendung von finanziellen Ressourcen, Wohnraum, haushaltsbezogenen Hilfen, Fahrdiensten sowie psychosozialer Hilfe; und z. B. im Hinblick auf sozialkulturelle Bedürfnisse: durch die Bildung und Betreuung, Teilhabe an Kultur und Freizeitangeboten).

Wenn beispielsweise die Kette aus der Bedürfnis- und Bedarfsperspektive spezifischer Gruppen von Adressatinnen und Adressaten betrachtet wird, muss die Wertschöpfung im Vordergrund stehen: sowohl als individueller Nutzen für die Personen, indem die Hilfen ganz darauf zugeschnitten werden, als auch als Prozessqualität, indem die Beiträge der beteiligten Dienstleister die „richtigen Weichen" der weiteren Entwicklung stellen. Die Dienstleistungskette (als Produkt eines Handlungsnetzes) soll die komplexe Bedarfssituation abdecken. Die miteinander verbundenen Dienstleistungen werden von verschiedenen Dienstleistern in interorganisationaler Kooperation erbracht; ihr Zusammenwirken in der „Kette" soll das Adressatenwohl nicht nur nachhaltig sichern, sondern auch positive Entwicklungsperspektiven eröffnen.

Unter den beteiligten Diensten und Einrichtungen fällt ein relativ hoher Kommunikationsaufwand an, damit die Adressatinnen und Adressaten in die Dienstleistungskette aktiv einbezogen werden und engagiert mitwirken können. Diese Kommunikation leisten die beteiligten Dienste und Einrichtungen des jeweiligen Handlungsnetzwerkes eigenverantwortlich. Es gehört nicht zu den Aufgaben der Koordinationskraft, die in der Dienstleistungskette miteinander verbundenen Dienste und Leistungen in jedem Einzelfall zu koordinieren. Sie muss aber aus den Aktivitäten des Strukturnetzes heraus dafür sorgen, dass es zu den selbst organisierten Handlungsnetzen kommt und dass sie förderliche Rahmenbedingungen vorfinden.

Die aneinandergereihten Aktivitäten der Netzwerkkooperation werden einer systematischen *Prozesskettenanalyse* unterzogen. Dabei werden die Akteursstruktur der Kooperation, der Kernprozess zur Herstellung des Produkts bzw. der Dienstleistungskette und das Leistungsspektrum der Teilprozesse dargestellt. In der Analyse wird das Ziel verfolgt, die bestehenden Abhängigkeiten transparent abzubilden, Ansatzpunkte für eine Erhöhung der Zufriedenheit der Adressatinnen und Adressaten aufzuzeigen und die mitarbeitenden Fachkräfte der beteiligten Kooperationspartner aktiv in die Gestaltung des Arbeitsprozesses (nach Festlegung von Verantwortungsbereichen und Schnittstellen der Kooperation) einzubeziehen. In der Analyse der Prozesskette können Schwachstellen, unklare Absprachen und Verantwortungsdefinitionen sowie eine unpassende Ablaufstruktur identifiziert werden. Insgesamt werden bessere Wege gesucht, um die Prozesskosten gering zu halten und die Qualität über die Prozesskette zu sichern (vgl. Becker und Ellerkmann 2007, S. 78 ff.).

4.6 Schnittstellenmanagement

Die Prozesskette – in Gestalt einer Informations- oder Dienstleistungskette – stellt den Kern organisierter Netzwerke dar. Damit der erwartete Adressatennutzen realisiert werden kann, muss das Zusammenwirken der Akteure an den bilateralen Schnittstellen gelingen. So betrachtet repräsentiert das Schnittstellenmanagement eine Schlüsselfunktion. Beispielsweise müssen die verschiedenen Kompetenzen aus den unterschiedlichen Fachbereichen und Professionen gemeinsame Sprachregelungen treffen. Die verschiedenen – unter der jeweiligen einzeldisziplinären

Perspektive „fremden" – „Fachtermini" sind zu einem interdisziplinären Verständnis zu integrieren. Dazu sind die Beziehungen sowohl zwischen den Organisationen als auch zwischen den beteiligten Personen kontinuierlich zu pflegen, damit gegenseitiges Vertrauen als Sozialkapital entstehen kann.

Wenn ein gemeinsamer begrifflich-integrierter Rahmen vorliegt, sind auf der nächsten Stufe Vereinbarungen anzustreben, welche Schnittstellen und Übergänge in den Handlungsnetzwerken zwischen den verschiedenen Fachleuten und Organisationen zu berücksichtigen sind. Dazu muss noch einmal in Erinnerung gerufen werden, dass ein organisiertes Netzwerk prinzipiell aus einer Vielzahl bilateraler Beziehungen zwischen jeweils zwei Akteuren besteht, die in der Summe das netzförmige Beziehungsgebilde ergeben. Damit die Vernetzung organisiert werden kann, müssen aus allen möglichen bilateralen Verbindungen diejenigen ausgewählt werden, die für den Adressatennutzen bedeutsam sind. Aufeinander bezogen werden somit nur diejenigen, deren Zusammenwirken einen höheren Adressatennutzen als die bisherigen voneinander isolierten versäulten Angebote verspricht. Diese Schnittstellen gilt es im Strukturnetzwerk zu identifizieren und in den Handlungsnetzwerken maßnahmenbezogen zu qualifizieren.

Die Qualitätssicherung organisierter Netzwerke setzt folglich auf der Basisebene von Akteurspaaren an, die sich gegenseitig adressatenorientiert befähigen und entlasten können. Dazu gehört vor allem die genaue Festlegung, welche Qualitäten an der einzelnen Kooperationsschnittstelle von den miteinander kooperierenden Stellen erwartet werden und wie die einzelnen Fachleute bzw. Organisationen – orientiert an den Bedürfnissen der Adressatinnen und Adressaten – an solchen Übergabepunkten in Zukunft fachlich und prozessbezogen zusammenwirken (vgl. Abb. 4-9).

Die Qualitätssicherung von organisierten Netzwerken erfolgt an den *Schnittstellen der Kooperation von Diensten und Einrichtungen* der verschiedenen Felder und Hilfesysteme. An den Übergängen müssen die Kooperationspartner bilateral fachliche Qualitätsstandards einhalten, damit der Nutzen für die Adressaten in der Summe von beiden Seiten erreicht werden kann. Als wichtiges Handwerkszeug wird dazu die *Prozesskettenanalyse* verwendet (vgl. Bieger 2007, S. 45 ff.):

Danach wird zuerst die *Logistik* geplant; es sind beispielsweise Fragen zu beantworten wie: Bei wem startet der Prozess für den Adressaten (Eingangslogistik)? Wer koordiniert den Übergang? Welche Operationen greifen (sequenziell) wann wie zusammen?

Als zweites spielt die *Qualitätsdefinition* eine wichtige Rolle. Im Vordergrund steht dabei die Festlegung der Qualitäten an der Schnittstelle zwischen den Akteuren des Netzwerks. Von Bedeutung ist aber auch, über welche Kompetenzen (bzw. Qualifizierungen) die beiden Seiten verfügen müssen, damit der Übergang bzw. das Zusammenwirken gelingen kann.

Abbildung 4-9 Qualitätssicherung an den bilateralen Schnittstellen interdependenter Akteurspaare in organisierten Netzwerken

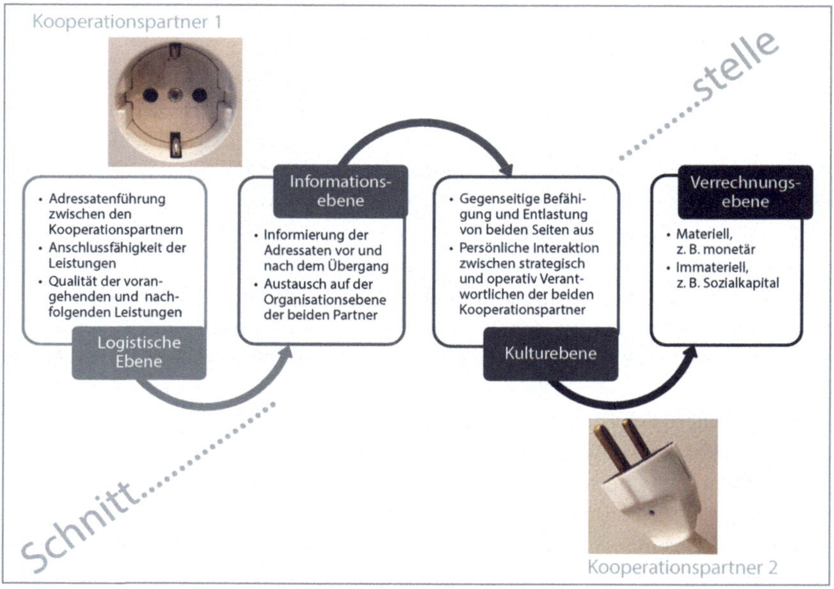

Kooperationspartner 1

- Adressatenführung zwischen den Kooperationspartnern
- Anschlussfähigkeit der Leistungen
- Qualität der vorangehenden und nachfolgenden Leistungen

Logistische Ebene

Informationsebene
- Informierung der Adressaten vor und nach dem Übergang
- Austausch auf der Organisationsebene der beiden Partner

- Gegenseitige Befähigung und Entlastung von beiden Seiten aus
- Persönliche Interaktion zwischen strategisch und operativ Verantwortlichen der beiden Kooperationspartner

Kulturebene

Verrechnungsebene
- Materiell, z. B. monetär
- Immateriell, z. B. Sozialkapital

Schnitt......stelle

Kooperationspartner 2

Eigene Darstellung

Als drittes kommt der *Informationsarbeit* eine große Bedeutung zu. Auf der einen Seite ist eine angemessene Informierung und Partizipation der Adressatinnen und Adressaten zu gestalten, damit sie nicht auf einen Objektstatus reduziert werden und den Prozess in aktiver Koproduktion mitgestalten können. Auf der anderen Seite ist der gegenseitige Informationsfluss zwischen den Trägern und Organisationen während des Prozesses sicherzustellen – beispielsweise müssen Datenschutzgesichtspunkte berücksichtigt werden.

Ein weiterer Schlüsselaspekt betrifft die *Kultur der Kooperation;* dabei geht es um eine Balance von organisationaler und persönlicher Beziehungspflege zwischen den Akteuren des Netzwerks und um eine Balance von fachlicher und persönlicher Interaktion. Unter diesen Bedingungen kann beispielsweise die Schnittstelle einer Hebamme mit einer Fachkraft der Sozialen Arbeit vom ASD im Netzwerk gelingen, weil sie gemeinsame Sprachregelungen getroffen haben, sich in einer integrierten Sichtweise gegenseitig befähigen, ihre gegenseitigen fachlichen Erwartungen kennen sowie sich darin unterstützen und entlasten können.

Die Erkenntnisse, die in den Handlungsnetzwerken unter einer adressatenbezogenen Perspektive gewonnen werden, können in das Strukturnetzwerk zurückgebracht und dort unter einer fallübergreifenden Perspektive evaluiert sowie für weitere Entwicklungsschritte des organisierten Netzwerks bewertet werden.

Die wichtigsten Aspekte:
1) Das Netzwerkmanagement baut auf drei Säulen auf: (A) die kontinuierliche Organisation eines Informationssystems, (B) die Sicherung der Prozessabläufe des Aufbaus und des Zusammenwirkens – z. B. durch eine Koordination – sowie (C) die Flankierung der Zusammenarbeit mit einer nachhaltigen Qualitätsentwicklung.
2) Der Informationsaustausch muss die Ereignisse im Netzwerk transparent halten und einer Unübersichtlichkeit vorbeugen. Das Informationssystem muss ein angemessenes Netzwerkcontrolling sicherstellen. Dazu sind kontinuierlich planungs- und steuerungsrelevante Informationen über das Netzwerk, über die beteiligten Organisationen und über die Impulse aus der Umwelt zu erheben, auszuwerten und in den Prozess des Netzwerks einzuspeisen.
3) Die zentrale Managementsäule zur Sicherung der Prozessabläufe umfasst die strategische Vorbereitung, die Planung bzw. den Aufbau der Kooperation, die Koordination der Abstimmung unter den Akteuren, die operative Durchführung kooperativer Maßnahmen und die Evaluation der Vernetzung. In der Vorbereitung kommen der Strategischen Situationsanalyse und der Analyse potenzieller Netzwerkakteure ein wichtiger Stellenwert zu: Auf dieser Grundlage werden die Kooperationspartner im Vernetzungsfeld ermittelt.
4) Die Schlüsselschritte des Netzwerkaufbaus sind: (I) Initiierung eines Austausches bzw. einer Kooperation als Ausgangspunkt; (II) Erhebung der potenziellen Kooperationspartner und die Bewertung der Beziehungsoptionen; (III) Aushandlungen zwischen den potenziellen Partnern; (IV) Entscheidung über das Zusammenwirken nach einem Netzwerkmodus wie Information, Wertschöpfung oder Überbrückung (Kooperationsvereinbarung); (V) Implementierung und Realisierung des Netzwerks; (VI) Weiterentwicklung oder Auflösung (von Teilen) der Netzwerkverflechtung.
5) Diejenigen Akteure, die in einem Sozialraum oder im fachlichen Handlungsbereich Einfluss ausüben, werden als Stakeholder bezeichnet. In der deutschen Übersetzung werden sie als Interessens- und Anspruchsgruppen bezeichnet, ohne deren Unterstützung ein interorganisationales Netzwerk nicht existieren kann. In der Perspektive des Managements handelt es sich um Personen oder Gruppen, von deren Haltung und Einsatz die Entwicklung des Netzwerks abhängt. Umgekehrt hängen die Stakeholder aber auch vom Erfolg des Netz-

werks ab – im übertragenen Sinn ist das ihr „Gewinn". Die Stakeholder richten sowohl fachliche Ansprüche als auch wirtschaftliche Nutzenerwartungen an das organisierte Netzwerk.

6) Bevor ein organisiertes Netzwerk generiert und konstituiert wird, muss im Rahmen einer Stakeholderanalyse aufgeklärt werden, welche Stakeholder für das Vernetzungsziel und den Vernetzungsgegenstand bedeutsam sind. Die Analyse umfasst sieben Schritte: (I) die Identifikation der Stakeholder; (II) die Identifizierung der repräsentierenden Schlüsselpersonen; (III) die Herausarbeitung der Ansprüche und Interessen sowie Aufträge und Ziele; (IV) die Analyse und Bewertung des Einflusses und der Interessen im Hinblick auf das Vernetzungsziel; (V) die Interpretation, ob dem bisherigen Verhalten der einzelnen Stakeholder gegenüber dem Vernetzungsziel und dem Vernetzungsanlass eher eine unterstützende oder ablehnend-bedrohende Haltung zu Grunde liegt; (VI) die möglichen thematischen Kopplungspunkte und (VII) in der bewertenden Zusammenfassung die Ableitung von Strategien und Maßnahmen zur Aktivierung und Vernetzung der Stakeholder.

7) Als Instrumente werden einerseits eine Stakeholdertabelle mit den Stakeholdergruppen, deren Schlüsselpersonen und Analyseperspektiven und andererseits eine Stakeholdermatrix erarbeitet, um den Einfluss und die Interessen der Stakeholder für die beabsichtigte Netzwerkkooperation zu bewerten.

8) Die Qualitätsentwicklung hat – als dritte Managementsäule – die Funktion, die fachliche Programmierung des Netzwerks sicherzustellen. Dazu werden an den Schnittstellen des Austausches oder der Kooperation Standards definiert und vereinbart. Die Qualitätssicherung organisierter Netzwerke setzt auf der Basisebene von Akteurspaaren an, die sich gegenseitig adressatenorientiert befähigen und entlasten können. Die Qualitätssicherung setzt an diesen Schnittstellen an.

9) Als wichtiges Handwerkszeug der Qualitätssicherung wird die Prozesskettenanalyse verwendet: Danach wird zuerst die Logistik, wie die Adressaten im Netzwerk geführt werden sollen, geplant. Als zweites spielt die Festlegung der Qualitäten an der Schnittstelle zwischen den Akteuren des Netzwerks eine wichtige Rolle. Als drittes kommen der angemessenen Informierung und Partizipation der Adressatinnen sowie Adressaten und der gegenseitige Informationsfluss zwischen den Trägern sowie Organisationen während des Prozesses eine große Bedeutung zu. Ein weiterer Schlüsselaspekt betrifft die Kultur der Kooperation; dabei geht es um eine Balance von organisationaler und persönlicher Beziehungspflege zwischen den Akteuren des Netzwerks und um eine Balance von fachlicher und persönlicher Interaktion.

10) Für die Aufbauorganisation des Netzwerks sind drei Komponenten bedeutsam: (1) Die Basis eines Strukturnetzwerks, (2) die darauf aufbauenden Themen- oder Handlungsnetzwerke und (3) die Koordination.

11) Das Strukturnetzwerk repräsentiert die flächendeckend verbindliche und in ihren bilateralen fachlichen Beziehungspunkten definierte Zusammenarbeit zwischen den einzubeziehenden Diensten, Einrichtungen, Organisationen und Vereinen. Damit es wirksam werden kann, soll das Strukturnetz von den Führungs- und Entscheidungskräften der Leistungsträger und Institutionen als interinstitutionelles Beziehungssystem – unter Beteiligung der Sprecherinnen oder Sprecher von Adressatinnen- und Adressateninteressen – aufgebaut und getragen werden.

12) Für die einzelnen fachübergreifenden Lösungsansätze, die in der operativen Netzwerkarbeit vor Ort zu verfolgen sind, sind Themen- oder Handlungsnetzwerke, in denen nicht mehr alle Akteure mitwirken, sondern nur diejenigen, die eine – auf einen bestimmten Bedarf gerichtete – kooperative Maßnahme gemeinsam verantworten, erforderlich. Das Strukturnetzwerk vereinbart, welche einzelnen Produkte entstehen sollen und wie das über die Ebenen der kommunalen Verantwortung unterstützt werden kann.

13) Die operative Koordination bezieht sich in erster Linie auf die Prozessorganisation des Strukturnetzwerkes. In zweiter Linie unterstützt und begleitet die Koordination die Handlungsnetzwerke, damit deren operative Leistungen im selbstverantwortlichen Zusammenwirken verschiedener Akteure erfolgreich verknüpft werden können.

14) Die kommunalen Entscheiderinnen und Entscheider der unterschiedlichen Ressorts und Hilfesysteme müssen die Netzwerkorientierung als Promotoren aktiv unterstützen. Durch ihre Zusammenarbeit geben sie ein Vorbild ab. Die Verantwortlichen der Träger von Diensten, Einrichtungen und Angeboten aus den verschiedenen tangierten Feldern müssen sich untereinander – ihre Konkurrenz überwindend – austauschen und die strukturelle Verknüpfung der bestehenden Angebote sowie ihrer Weiterentwicklung in Koopkurrenz klären.

15) In der interinstitutionellen Kooperation von Dienstleistungs- bzw. Wertschöpfungsnetzwerken werden die isolierten Einzelprozesse der Einrichtungen und Institutionen zu einer zielgerichteten Prozesskette verbunden. Die einzelnen Leistungen werden – unter der Perspektive des Gesamtbedarfs und der Gesamtentwicklung – zu einer Folge von logisch zusammenhängenden Aktivitäten integriert, wenn es für die Adressatin oder den Adressaten einen höheren Nutzen verspricht.

16) Die Prozesskette wird nach primären und sekundären (unterstützenden) Aktivitäten differenziert: Die primären Aktivitäten beinhalten die Herstellung der Dienstleistungen, ihre Distribution unter den Adressaten und den begleitenden Service. Die Abstimmung der Angebote unter den Einrichtungen gehört zu den sekundären Aktivitäten und soll sichern, dass die primären Aktivitäten genau zusammenpassen und zum erwünschten Gesamtergebnis führen.

Im Zentrum der Netzwerkkooperation steht das operativ an Primärprozessen ausgerichtete Netzwerk (als Dienstleistungskette); es wird unterstützt von strategisch an Sekundärprozessen ausgerichteten Netzwerkaktivitäten (Interessen-/Handlungskoalition).

Literaturempfehlungen zur Vertiefung

Exemplarisch können die Managementaufgaben im Rahmen der folgenden Literaturempfehlung vertieft betrachtet werden:

Rüegg-Stürm, J., & Grand, S. (2017). *Das St. Galler Management-Modell. Die 4. Generation.* 3. Auflage, Bern, Stuttgart, Wien: Haupt.
Schubert, H. (2015). *Planung, Steuerung und Qualitätsentwicklung in Netzwerken Frühe Hilfen.* http://www.fruehehilfen.de/bundesinitiative-fruehe-hilfen/transfer/impulse-zur-netzwerkarbeit-fruehe-hilfen/prof-dr-dr-herbert-schubert/ (Zugegriffen: 25.03.2017).
Schwarz, P., Purtschert, R., Giroud, C., & Schauer, R. (2002). *Das Freiburger Management-Modell für Nonprofit-Organisationen.* 4. Auflage, Bern, Stuttgart, Wien: Verlag Haupt.

Für die vertiefte Auseinandersetzung mit den Analyseinstrumenten wird folgende Literatur empfohlen:

Fuhse, J. (2016). *Soziale Netzwerke, Konzepte und Forschungsmethoden.* Konstanz und München: UVK.
Rausch, A. (2010). Bimodale Netzwerke. In C. Stegbauer & R. Häußling (Hrsg.), *Handbuch Netzwerkforschung* (S. 421–432). Wiesbaden: VS Verlag für Sozialwissenschaften.
Theuvsen, L. (2001). *Stakeholder-Management – Möglichkeiten des Umgangs mit Anspruchsgruppen.* Münsteraner Diskussionspapiere zum Nonprofit-Sektor 16. http://www.ssoar.info/ssoar/handle/document/36221 (Zugegriffen: 18.03.2017).

Anregungen für praxisbezogene Reflexionen

Versuchen Sie, einer Bekannten oder einem Bekannten die drei Säulen des Netzwerkmanagements zu erklären.
 Überprüfen Sie, warum es wichtig ist, in der Stakeholdermatrix nach Unterstützungs- und Bedrohungspotenzial zu unterscheiden. Beschreiben Sie, welche Rolle die beiden Perspektiven beim Netzwerkaufbau spielen.

Unterscheiden Sie, was in einer stationären Altenpflegeeinrichtung die Primärprozesse und was die Sekundärprozesse sind. Gehen Sie einen Schritt weiter in die Netzwerkperspektive: Definieren Sie, was im Unterschied dazu die Primärprozesse eines Kooperationsverbundes sind, der aus einer stationären Altenpflegeeinrichtung, einem ambulanten Pflegedienst und einer Gemeinwesenarbeit für Senioren im Sozialraum besteht. Ermitteln Sie auch, was in diesem Netzwerkbeispiel die Sekundärprozesse ausmacht.

Sie haben den Auftrag erhalten, in Ihrem Heimatort ein Netzwerk zu organisieren: Reflektieren Sie, welche Aufbauorganisation sie vorschlagen würden und wie sich die Verantwortung über Strukturen in Ihrer Gemeinde verteilen sollte.

Literatur

Aderhold, J. (2009). Selektivitäten des Netzwerkes im Kontext hybrider Strukturen und systemischer Effekte – illustriert am Beispielen regionaler Kooperation. In R. Häußling (Hrsg.), *Grenzen von Netzwerken* (S. 183–208). Wiesbaden: VS Verlag für Sozialwissenschaften.

Baitsch, C., & Müller, B. (Hrsg.) (2001). *Moderation in regionalen Netzwerken*. München, Mering: Hampp Verlag.

Becker, T., & Ellerkmann, F. (2007). Geschäftsprozesse in Kooperationen optimieren. In T. Becker et al. (Hrsg.), *Netzwerkmanagement. Mit Kooperation zum Unternehmenserfolg* (S. 75–89). 2. Auflage, Berlin, Heidelberg, New York: Springer Verlag.

Behjat, S. (2007). *Prozessmanagement in der Verwaltung. Shared Services in der Verwaltung durch Gestaltung von Wertschöpfungsprozessen*. Saarbrücken: VDM, Müller.

Bieger, T. (2007). *Dienstleistungsmanagement*. Bern: Haupt.

Fließ, S. (2006). *Prozessorganisation in Dienstleistungsunternehmen*. Stuttgart: Kohlhammer.

Freeman, R. E. (2010). *Strategic Management. A Stakeholder Approach*. Boston: Pitman.

Füermann, T., & Dammasch, C. (2002): *Prozessmanagement. Anleitung zur ständigen Prozessverbesserung*. München, Wien: Hanser.

Fuhse, J. (2016). *Soziale Netzwerke. Konzepte und Forschungsmethoden* Konstanz und München: UVK.

Herz, A. (2012). Ego-zentrierte Netzwerkanalysen zur Erforschung von Sozialräumen. *sozialraum.de*, 4, http://www.sozialraum.de/ego-zentrierte-netzwerkanalysen-zur-erforschung-von-sozialraeumen.php (Zugegriffen: 25.03.2017).

Hess, T. (2002). *Netzwerkcontrolling. Instrumente und ihre Werkzeugunterstützung*. Wiesbaden: Deutscher Universitäts-Verlag.

Kraege, R. (1997). *Controlling strategischer Unternehmenskooperationen. Aufgaben, Instrumente und Gestaltungsempfehlungen.* Schriften zum Management, Band 9, München, Mering: Rainer Hampp Verlag.

Landesvereinigung für Gesundheit & Akademie für Sozialmedizin Niedersachsen e. V. (2013). *Werkbuch Präventionskette. Herausforderungen und Chancen beim Aufbau von Präventionsketten in Kommunen.* http://www.bzga.de/?sid=1144 (Zugegriffen: 19. 01. 2017).

Nadler, D. A., Gerstein, M. S., & Shaw, R. B. (Hrsg.) (1992). *Organizational Architecture. Designs for Changing Organizations.* San Francisco: Jossey-Bass.

Rüegg-Stürm, J. (2003). *Das neue St. Galler Management-Modell. Grundkategorien einer integrierten Managementlehre. Der HSG-Ansatz.* Bern, Stuttgart, Wien: Haupt.

Rüegg-Stürm, J., & Grand, S. (2017). *Das St. Galler Management-Modell. Die 4. Generation.* 3. Auflage, Bern, Stuttgart, Wien: Haupt.

Rürup, M., Röbken, H., Emmerich, M., & Dunkake, I. (2015). *Netzwerke im Bildungswesen. Eine Einführung in ihre Analyse und Gestaltung.* Wiesbaden: Springer VS.

Schubert, H. (2008a). Netzwerkkooperation. Organisation und Koordination von professionellen Vernetzungen. In H. Schubert (Hrsg.), *Netzwerkmanagement. Koordination von professionellen Vernetzungen. Grundlagen und Praxisbeispiele* (S. 7–105). Wiesbaden: VS Verlag für Sozialwissenschaften.

Schubert, H. (2010). Neue Arrangements der Wohlfahrtsproduktion – am Beispiel der Organisation von Netzwerken früher Förderung. In W. R. Wendt (Hrsg.), *Wohlfahrtsarrangements. Neue Wege in der Sozialwirtschaft* (S. 53–86). Baden Baden: Nomos Verlag.

Schubert, H. (2015). *Planung, Steuerung und Qualitätsentwicklung in Netzwerken Frühe Hilfen.* http://www.fruehehilfen.de/bundesinitiative-fruehe-hilfen/transfer/impulse-zur-netzwerkarbeit-fruehe-hilfen/prof-dr-dr-herbert-schubert/ (Zugegriffen: 25. 03. 2017).

Schubert, H. (2018). *Netzwerkorientierung in Kommunen und Sozialwirtschaft. Eine Einführung.* Wiesbaden: Springer VS.

Schulz-Schaeffer, I. (2011). Akteur-Netzwerk-Theorie. Zur Koevolution von Gesellschaft, Natur und Technik. In J. Weyer (Hrsg.), *Soziale Netzwerke. Konzepte und Methoden der sozialwissenschaftlichen Netzwerkforschung* (S. 187–209). München: Oldenbourg.

Schwarz, P., Purtschert, R., Giroud, C., & Schauer, R. (2002). *Das Freiburger Management-Modell für Nonprofit-Organisationen.* 4. Auflage, Bern, Stuttgart, Wien: Verlag Haupt.

Theuvsen, L. (2001). *Stakeholder-Management – Möglichkeiten des Umgangs mit Anspruchsgruppen.* Münsteraner Diskussionspapiere zum Nonprofit-Sektor 16. http://www.ssoar.info/ssoar/handle/document/36221 (Zugegriffen: 18. 03. 2017).

Tiemeyer, E. (2002). *Stakeholderanalyse und Stakeholdermanagement in Bildungsnetzwerken. ANUBA/Aufbau und Nutzung von Bildungsnetzwerken zur Entwicklung und Erprobung von Ausbildungsmodulen in IT- und Medienberufen.* Landesinstitut für Schule, Soest. http://www.anuba-online.de/extdoc/Materialien_der_BNW_Fortbildung/BNW_initiieren/BNW_init_1_1_4 pdf (Zugegriffen: 18.03.2017).

Vahs, D. (2015). *Organisation*. 9. Auflage, Stuttgart: Schäffer-Poeschel.

Wald, A. (2010). Netzwerkansätze in der Managementforschung. In C. Stegbauer & R. Häußling (Hrsg.), *Handbuch Netzwerkforschung* (S. 627–634). Wiesbaden: VS Verlag für Sozialwissenschaften.

Steuerung von Netzwerken 5

Zusammenfassung

Im Mittelpunkt der Steuerung organisierter Netzwerke steht die Gestaltung der Austauschbeziehungen zwischen den Partnern auf verschiedenen Ebenen (z. B. der Kommune) und aus verschiedenen fachlichen Feldern. In der sozialwirtschaftlichen Netzwerkpraxis werden meistens drei Steuerungsformen gemischt: Der Steuerungsmix aus Marktmechanismus, hierarchischer Koordination und heterarchischer Selbstorganisation hängt damit zusammen, dass das Zusammenwirken von Beteiligten teilweise im Rahmen eines Austausches marktgängiger Leistungen erfolgt, teilweise in Verbindung mit hierarchischen Verwaltungsstrukturen steht und teilweise frei von Markt- und Hierarchieeinflüssen gestaltet werden kann. Auf den übergeordneten strategischen Ebenen des sozialwirtschaftlichen Netzwerks dominieren in der Kommune hierarchische Steuerungsansätze, während auf der operativen Umsetzungsebene des Informationsaustausches, der Dienstleistungsketten oder der Überbrückung struktureller Löcher die Chancen heterarchischer Steuerungsmuster größer sind. Monozentrische – d. h. auf einen einzigen Koordinationspunkt fokussierte – Organisationsmuster widersprechen der heterarchischen Steuerung von Netzwerken, weil sie das Risiko einer Re-Hierarchisierung beinhalten. Deshalb entsprechen polyzentrische – d. h. auf mehrere Punkte verteilte – Formen der Koordination eher dem heterarchischen Prinzip. Wenn die Kommune als öffentlicher Träger – vertreten durch die Kommunalverwaltung – die Gesamtverantwortung für das Netzwerk trägt, erfolgt die Steuerung des Netzwerkes nach dem hierarchischen Gegenstromprinzip. Die Kommunikation verläuft kreislaufförmig über die Ebenen der Kommunalpolitik (Ratsausschüsse), Kommunalverwaltung (Fachbereiche) und Träger (operative Dienstleistungen in Einrichtungen und im Sozialraum) sowohl von oben nach unten (top-down) als auch wieder zurück (bottom-up). Damit die Beteiligten unter dem Mix von heterarchischen und hierarchischen Steuerungsformen zusammenarbeiten können, sind in der Personalentwicklung von Führungskräften und Mitarbeitenden entsprechende Netzwerkkompetenzen zu vermitteln.

Lernziel

Das Kapitel soll dazu befähigen, den Steuerungsmix aus Marktmechanismus, hierarchischer Koordination und heterarchischer Selbstorganisation als Strukturmerkmal organisierter Netzwerke in der Sozialwirtschaft zu erkennen. Die Rezipientin und der Rezipient sollen in der Lage sein, die Steuerungsformen des Marktmechanismus, der hierarchischen Koordination und der heterarchischen Selbstorganisation voneinander abzugrenzen. Und es sollen die Vorteile der polyzentrisch verankerten Koordination erfasst werden.

Aderhold betont die besondere Schwierigkeit, Netzwerke zu steuern – unter Bezugnahme auf Luhmann formuliert er, Netzwerke würden „funktionierende oder wenigstens ausbeutbare Organisationen" voraussetzen, von deren „bereitgestellten Ressourcen" sie sich quasi „(als Parasiten) ernähren". Folglich leben die Netzwerke von Organisationen und „wachsen an ihnen, ohne sich durch sie kontrollieren zu lassen" (Luhmann 2000; zitiert nach Aderhold 2009, S. 193).

Im Rahmen des Netzwerkmanagements wird dennoch häufig davon ausgegangen, organisierte Netzwerke steuern zu können. Mit der Steuerung wird das Ziel verfolgt, die Austauschbeziehungen zwischen den Partnern auf den verschiedenen Ebenen und aus den verschiedenen fachlichen Bereichen zu gestalten. „Damit im Netzwerk das gemeinsame Ziel erreicht werden kann, müssen die Einzelleistungen der Netzwerkmitglieder zueinander passen. [...] Die durch die Koordinationspraktik zugeteilten komplementären Aufgaben müssen anschließend von den einzelnen Netzwerkmitgliedern erfüllt werden" (Burger 2013, S. 345 f.). Dafür müssen die Aktivitäten der Netzwerkmitglieder abgestimmt oder koordiniert werden. Das ist der Kern der Steuerungsaufgabe, die sich selten von selbst erledigt, sondern meistens gezielt organisiert werden muss. Durch einen strukturierten Austausch entstehen eine gemeinsame Strategie und eine effektive Koordinationspraktik.

In der *sozialwirtschaftlichen Netzwerkpraxis* werden danach meistens drei Steuerungsformen gemischt: Oft gibt es einen *Steuerungsmix aus Marktmechanismus, hierarchischer Koordination und heterarchischer Selbstorganisation.* Nur in besonderen Fällen dominieren die einzelnen Reinformen. Bei der Steuerung über den *Marktmechanismus* wird das Zusammenwirken von Beteiligten im Rahmen eines Austausches marktgängiger Leistungen strukturiert. Das ist der Fall, wenn die Beteiligten ihr Zusammenwirken untereinander nach Marktpreisen verrechnen. Beispielsweise kann dies erforderlich sein, wenn für die Mitwirkung im Strukturnetzwerk Frühe Hilfen besondere – über den medizinisch abrechenbaren Katalog hinausreichende – Leistungen von freiberuflichen Partnern aus dem Gesundheitsbereich zu vergüten sind. Dafür braucht beispielsweise ein Netzwerk in der Sozialwirtschaft ein Budget, aus dem die Koordinationskraft im Einvernehmen mit Führungspersonen des Strukturnetzwerks Mittel einsetzen kann, um die Mitwirkung von Akteuren aus dem Gesundheitsmarkt sicherzustellen.

5.1 Heterarchische Koordination nach dem Schwarmprinzip

Bei der *Selbstorganisation* handeln die beteiligten Akteure ihr Verhalten untereinander aus, so dass jeder einen Beitrag zur Selbstkoordination leistet. Diese Steuerungsform wird als *heterarchisch* bezeichnet, weil mehrere Akteure auf derselben Handlungsebene gleichberechtigt Beiträge zur Steuerung leisten. Diese Form ist insbesondere sowohl im Strukturnetzwerk unter den Führungs- und Entscheidungskräften der Leistungsträger und Institutionen als auch in den Handlungsnetzen der operativen Umsetzung vorzufinden, weil sich die Akteure der verschiedenen Ressorts *horizontal "auf Augenhöhe"* begegnen und dabei die strukturellen Fragen der Angebotsgestaltung und -entwicklung sowie ihr Zusammenwirken gemeinsam aushandeln. Diese heterarchische Form wird oft als zentrales Merkmal von Netzwerken angesehen – beispielsweise, wenn es heißt: „Als Alternative zur marktförmigen Organisation und zu bürokratisch-organisierten Interaktionen erlauben Netzwerke Flexibilität, koordiniertes Verhalten und damit größere Effizienz und Leistungsfähigkeit" (Mützel 2010, S. 604). Auch wenn ein selbstorganisiertes Netzwerk durch einen zentralen Akteur eingerichtet und mittels Ressourcen und Steuerungsimpulse beeinflusst wurde, so hängt die Leistungsfähigkeit doch im Wesentlichen von den freiwilligen Beiträgen der Netzwerkmitglieder ab (vgl. Rürup et al. 2015, S. 122). Denn heterarchisch gesteuerte Netzwerke basieren auf dem Prinzip einer freiwilligen Teilnahme.

Im heterarchischen Geflecht muss die Koordinationskraft zuvörderst transparent machen, dass die beteiligten Personen und Organisationen dafür selbst die Verantwortung übernehmen müssen und die Koordination diesen Prozess nur moderierend begleiten kann. Dennoch wird das Gelingen einer heterarchischen Steuerung von Netzwerken durch die neutrale Qualität einer Koordination befördert, die in das Selbstorganisationsgefüge eingebettet ist. Im Bundeskinderschutz-

Abbildung 5-1 Die Flaschenhals-Problematik monozentrisch koordinierter Netzwerke

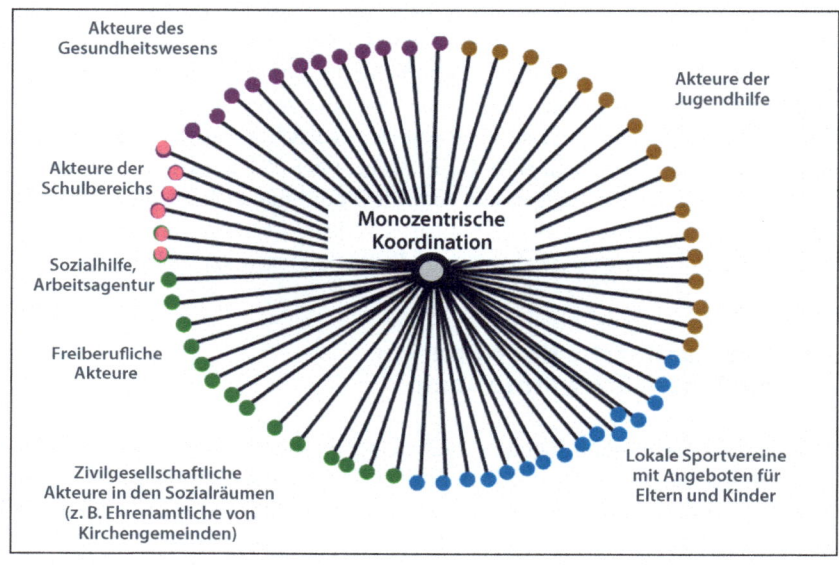

Eigene Darstellung

gesetz wurde beispielsweise festgelegt, dass der örtliche Träger der Jugendhilfe die verbindliche Zusammenarbeit im Netzwerk Frühe Hilfen zu koordinieren hat. Diese zentrale Koordinationsrolle darf weder einseitig den Interessen des Jugendamts noch des Gesundheitsamtes oder weiterer kommunaler Fachbereiche verpflichtet sein. Denn die Koordinationskraft bringt die verschiedenen Fachressorts unter dem Blickwinkel der Erhöhung des Adressatennutzens zusammen. Daher sollte sie als Stabsstelle bei einer Führungskraft der öffentlichen Verwaltung oder beim koordinierenden Kooperationspartner angesiedelt sein und über ein hohes Maß an relativer Autonomie verfügen, um dieser ausbalancierenden und keine Einzelinteressen vertretenden Position gerecht werden zu können.

Monozentrische – d. h. auf einen einzigen Koordinationspunkt fokussierte – Koordinationsmodelle erzeugen in der Regel allerdings ein „Flaschenhals"-Problem (vgl. Abb. 5-1). Weil zu viele Kommunikationen und Abstimmungen über einen einzigen Knotenpunkt laufen müssen, ist das Risiko der Überlastung – und damit des Scheiterns – groß. Deshalb sind *polyzentrische* – d. h. auf mehrere Punkte ver-

Abbildung 5-2 Das zweiseitige Koordinationsmodell mit vermittelnder Ko-Koordination

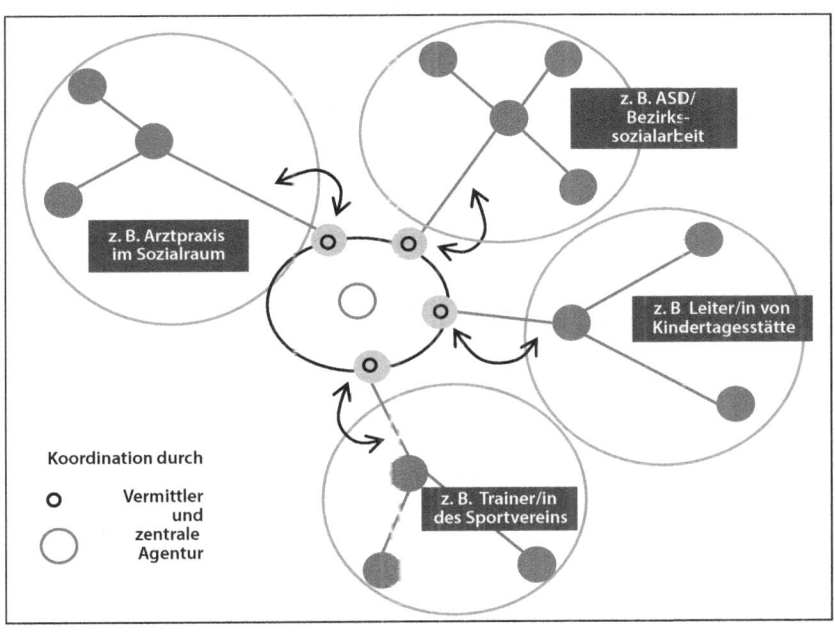

Eigene Darstellung

teilte – Formen der Ko-Koordination vorzuziehen, bei denen sich die Koordinationsfunktionen im Netz quasi „auf mehrere Schultern" verteilen. Bewährt hat sich unter diesem Blickwinkel ein *zweiseitiges Koordinationsmodell* – daraus lassen sich für organisierte Netzwerke folgende Empfehlungen ableiten (vgl. Abb. 5-2):

Die zentrale Koordinationskraft übernimmt die Vermittlung zwischen den Akteuren des Strukturnetzwerks und sichert dadurch den gegenseitigen Austausch über das bestehende Angebots- und Aufgabenspektrum sowie die Klärung struktureller Fragen der Angebotsgestaltung und -entwicklung.

Damit die Koordinationsarbeit zu einem Erfolg wird, braucht die zentrale Koordinationskraft „Verbündete" aus den einzelnen Ressorts und in der Trägerlandschaft. Diese sorgen in den jeweiligen Handlungsfeldern als Ko-Koordinatorinnen und Ko-Koordinatoren dafür, dass sich die maßnahmenbezogenen Handlungsnetzwerke nach Prinzipien der Selbstorganisation koordinieren können. Vertrauen gilt dabei als das entscheidende Koordinationsmedium: „Netzwerke bestehen nur und so lange, wie die Netzwerkteilnehmer davon ausgehen (können), dass das

Fundament gleichwertigen Gebens und Nehmens als Basis der Zusammenarbeit fortbesteht und keine ‚Trittbrettfahrer' im Netzwerk nur ihren eigenen Vorteil sehen und optimieren" (Rürup et al. 2015, S. 122).

Durch das Zusammenwirken der beiden Koordinationsebenen können Engpässe vermieden werden, die aus der Beschränkung auf eine einzige Koordinationskraft resultieren würden. Die voneinander isolierten Teilnetze der Funktionssysteme von der Gesundheit und der Jugendhilfe über den Sport und die Kultur bis zur Sozialhilfe und Stadtteilarbeit werden erst dann anschlussfähig, wenn es neben der zentralen Koordination auch Verantwortliche für die interne Bereichskoordination gibt. Den übergeordneten Zusammenhang stellt die zentrale Koordination funktionssystemübergreifend her und für die Anschlussfähigkeit an die Tiefen der beteiligten Akteure des Netzwerks sorgt jeweils eine dezentrale Bereichskoordination.

Die grundlegenden Charakteristika der zweiseitigen Koordination besteht darin, dass erstens nicht eine einzelne Person, sondern die Beziehungen zwischen mehreren Personen die Koordination tragen, und dass zweitens die Übertragung als das, was über die Beziehungen weitergegeben wird, den Koordinationsmechanismus darstellt (vgl. Christakis und Fowler 2010, S. 32). Der Mechanismus der Übertragung lässt sich quasi als Ansteckungseffekt in Netzwerken beobachten: Alles, was jemand tut, beeinflusst seine direkten Kontakte, die Kontakte seiner Kontakte und die Kontakte der Kontakte seiner Kontakte. Und was auf diesen Pfaden passiert, beeinflusst ihn im Gegenzug. Dies korrespondiert mit dem Schwarmprinzip, bei dem durch die koordinierende Interaktion selbständiger einzelner Nachbarn ein komplexes Beziehungssystem ohne zentrales Kommando selbstorganisiert und dynamisch seine Stabilität sichert (vgl. Horn und Gisi 2009, S. 7 ff.).

5.2 Hierarchische Steuerung nach Organisationsprinzipien

Wenn die Kommune als öffentlicher Träger die Gesamtverantwortung für das Netzwerk trägt, erfolgt die Steuerung des Netzwerkes aus dieser Perspektive nach dem *vertikalen Gegenstromprinzip*. Der Begriff des Gegenstroms unterstreicht, dass die Kommunikation kreislaufförmig sowohl von oben nach unten (topdown) als auch wieder zurück (bottom-up) über die Ebenen der Kommunalpolitik (Ratsausschüsse), Kommunalverwaltung (Fachbereiche) und Träger (operative Dienstleistungen in Einrichtungen und im Sozialraum) verläuft. Die Ziele und Ressourcen des organisierten Netzwerks werden über die – bereits genannten – Verantwortungsebenen in einer Rückkopplungsschleife verhandelt. Diese hierarchische Koordination bewirkt eine Gleichrichtung der Strategien aller beteiligten Gremien, Institutionen und Organisationen. Die Koordinationskraft muss diese

Pfade nutzen, um das Zusammenwirken der Akteure im Strukturnetzwerk und über die Verantwortungsebenen mit einem geeigneten Instrumentarium der Abstimmung zu unterstützen.

Ranghierarchien erleichtern eine hierarchische Form der Koordination zwischen Akteuren. Denn die Hierarchie (in der Form einer Hackordnung) ist ein sehr wirkungsvolles Arrangement, um soziale Unsicherheit zwischen den Akteuren aufzulösen (vgl. Sydow und Windeler 2000, S. 25 ff.). Egalität – als Voraussetzung einer heterarchischen Steuerung – ist sehr viel anspruchsvoller zu realisieren und setzt vor allem eine starke Disziplinierung von Menschen im sozialen Austausch voraus (vgl. Fuhse 2010, S. 172).

In sozialwirtschaftlichen Netzwerken auf der kommunalen Ebene sind überwiegend Mischformen vorzufinden: Auf der übergeordneten strategischen Ebene dominieren hierarchische Steuerungsansätze, während auf der operativen Umsetzungsebene der Dienstleistungsketten die Chancen heterarchischer Steuerungsmuster größer sind.

5.3 Kommunikation und Moderation in Netzwerken

Die Organisation der Kommunikation in organisierten Netzwerken wird im Allgemeinen als *Netzwerkmoderation* bezeichnet. Dabei werden gezielt Kommunikations-, Kooperations- und Verhandlungstechniken eingesetzt, die dem Verhandlungsbedarf zwischen den beteiligten Akteuren in einer offenen Kommunikationsweise gerecht werden (vgl. Klebert et al. 2006, S. 32 ff.). „Moderation, als Praxis der Ermöglichung von kommunikativem Austausch und Interessensausgleich in Netzwerken, ist auch unabhängig von bestimmten Moderationstheorien und Moderationstechniken ein zentrales Element der Netzwerkgestaltung. Die Notwendigkeit des Moderierens ergibt sich direkt aus dem Anliegen, Netzwerkarbeit erfolgreich, zielgerichtet und effizient zu gestalten. Insofern ist die Tätigkeit der Netzwerkmoderation nicht notwendig eine Teilmenge des Netzwerkmanagements. Allerdings erfordern Moderationsaufgaben eine besondere Positionierung der Rolleninhaber, insbesondere in großen, lang bestehenden Netzwerken mit anspruchsvollen Zielsetzungen und entsprechend großen Verständigungs- und Konfliktregulierungsbedarf" (Rürup et al. 2015, S. 118). In lebensweltlichen Netzwerken wird die „ressourcenorientierte Netzwerkmoderation" in der Beratungsarbeit eingesetzt, um im Rahmen informeller Netzwerktreffen die individuellen und sozialen Ressourcen von Familien zu moderieren (vgl. Friedrich 2012, S. 15 ff.). In organisierten Netzwerken wird die Moderation als wesentlicher Erfolgsfaktor für das Gelingen des Netzwerkprozesses erachtet. Dabei ist eine neutrale Position notwendig, damit zwischen den verschiedenen Interessenlagen im Netzwerk vermittelt und bei Konfliktsituationen ein Beitrag zur Bewältigung geleistet werden kann (vgl. Teller und Longmuß 2007, S. 53).

Die Problematik besteht darin, dass die Gelegenheiten von gleichmäßigen häufigen Kontakten mit einer steigenden Zahl von Beteiligten an eine Grenze gelangt, die eine verstärkte Strukturbildung innerhalb des Netzwerks als Organisationsbestandteil erforderlich macht (vgl. Stegbauer 2016, S. 27). „Ein gemeinsames Verhalten benötigt [...] gegenseitige Abstimmung und zwar so, dass alle miteinander sprechen, damit niemand bei der Entscheidungsfindung übergangen wird" (ebd., S. 28). Daher müssen koordinierende Moderationsmethoden bei einer großen Zahl von Netzwerkbeteiligten kompensieren, dass sich die Interaktionen nicht mehr gleichmäßig verteilen. Sie bilden ein Arrangement der Aushandlung, das sich durch die kontinuierliche Wiederholung als Koordinationsmechanismus verfestigt.

Baitsch und Müller haben den Begriff der „Moderation" gewählt, um die Unterstützungsfunktion der Netzwerkkommunikation zu kennzeichnen (Baitsch und Müller 2001, S. 23 ff.), über die Vertrauen im Netzwerk generiert und der netzinterne Austausch offen gestaltet werden kann. Für die Unterstützung von Netzwerken bei der kontinuierlichen Bearbeitung der Problemgegenstände wurden folgende Leitlinien aufgestellt:

1) Balance von Zuständigkeit und Verantwortlichkeit,
2) Ermöglichen gemeinsamer Erfahrungen und Erfolge,
3) Herstellen von Ordnung bei gleichzeitigem Zulassen von Unordnung,
4) Bearbeitung und Eingrenzung der Konflikte,
5) Transparenz der gegenseitigen Erwartungen und
6) Offenhalten der Anschlüsse nach außen.

Die Funktion der Moderation besteht darin, unterschiedliche Interessen nach dem Win-Win-Prinzip auszugleichen, Machtasymmetrien konstruktiv zu bearbeiten, den Kooperationsprozess der Akteure zu strukturieren und die fachlichen Inputs zu sichern. In der Moderationsaufgabe werden somit die inhaltliche Arbeit und die Kommunikation der Akteure in einer Prozessperspektive kombiniert. Das Konzept der Moderation unterstreicht die Bedeutung persuasiver Methoden für die Netzwerksteuerung.

Im Alltag von organisierten Netzwerke der Sozialwirtschaft sind auch unter diesem Blickwinkel häufig Mischformen zu finden. So betont Hess, dass neben den moderationsgestützten weichen Instrumenten der (heterarchischen) Vertrauensbildung auch den Einsatz von harten Instrumenten der (hierarchischen) Steuerung erforderlich sei (vgl. Hess 2002, S. 151 ff.).

5.4 Kompetenzbedarf zur Netzwerkbefähigung

Damit die Beteiligten aus verschiedenen Institutionen, Ressorts und Organisationen nach dem Governance-Prinzip in dem beschriebenen Mix von heterarchischen und hierarchischen Formen im Netzwerk zusammenarbeiten können, sind in der Personalentwicklung besondere Fähigkeiten zu fördern. Der Kompetenzbedarf der Führungskräfte ist anspruchsvoll – sowohl in der Verwaltung als auch in den sozialwirtschaftlichen Organisationen – müssen sie die Aufgaben erfüllen, ...

- mit den Führungskräften anderer Institutionen, Ressorts und Organisationen ein strategisches Steuerungs- und Verantwortungsnetzwerk, in dem über einen kooperativen dialogischen Arbeitsstil Verbindungen über bestehende Grenzen hinweg aufgebaut werden können, zu bilden.
- ein Verständnis für die verschiedenen Interessen und Ansprüche sowohl in den kommunalen Behörden als auch unter sozialwirtschaftlichen und zivilgesellschaftlichen Stakeholdern zu entwickeln und sie in strategischen Entwicklungsaufgaben zu berücksichtigen.
- Strukturanpassungen in der Aufbau- und Ablauforganisation der öffentlichen Verwaltung bzw. der sozialwirtschaftlichen Organisation, die der Öffnung zur Netzwerkarbeit zum Erfolg verhelfen, vorzunehmen.
- die bestehenden Finanzierungssysteme gezielt zu nutzen, um die Netzwerkaufgaben abzusichern.
- neue kommunalpolitische Verfahrenswege, in denen die Perspektive des Netzwerks in der Sozialwirtschaft Platz findet, zu beschreiben.
- einem Menschenbild der gegenseitigen Verbundenheit statt dem Bild des konkurrenzorientierten Einzelkämpfers (nach der Logik der Neuen Steuerung) oder dem Bild der Unbeweglichkeit in der hierarchischen öffentlichen Verwaltung zu folgen.
- Mitarbeitenden den Auftrag zur operativen Netzwerkarbeit zu erteilen und sie durch Fortbildungsmaßnahmen dazu zu befähigen.
- die dafür erforderlichen Ressourcen sowie Rahmenbedingungen bereit zu stellen.
- bei der Erfüllung des Auftrags Aushandlungsflexibilität und Perspektivenvielfalt zuzulassen.

In gleicher Weise sind auch die Mitarbeiterinnen und Mitarbeiter der Kommunalverwaltung und der sozialwirtschaftlichen Organisationen, die den Auftrag der operativen Umsetzung der Netzwerkorientierung erhalten, durch Qualifizierungs- und Fortbildungsmaßnahmen gezielt zu befähigen. Der Kompetenzbedarf der beauftragten Fachkräfte ist ebenfalls anspruchsvoll – sowohl in der Verwaltung als auch in sozialwirtschaftlichen Organisationen – müssen sie die Aufgaben erfüllen, ...

- den Auftrag zur operativen Netzwerkarbeit anforderungsgerecht umzusetzen.
- die dyadischen Beziehungen beim bilateralen Schnittstellenmanagement angemessen zu gestalten.
- die verschiedenen Interessen und Ansprüche der kommunalen Behörden und der zivilgesellschaftlichen Stakeholder systematisch zu erheben und die eigene Position in diesem Interessengeflecht zu vermitteln.
- zwischen der Aufbau- und Ablauforganisation innerhalb der eigenen Organisation und den externen Akteuren interinstitutionell zu vermitteln.
- den Auftrag flexibel auszuhandeln, ohne das Gesamtziel und das Teilziel der eigenen Organisation aus dem Auge zu verlieren.
- die Wege zu beherrschen, wie die Bedarfe der Bevölkerung in den Sozialräumen der Kommune festgestellt werden können.
- Verfahren anzuwenden, wie ein Überblick über die verschiedenen Angebote, Arbeitsansätze und Programme in einem Feld gewonnen wird.
- kompetent die Methoden zu nutzen, wie potenzielle Netzwerkpartner ermittelt, deren Schlüsselpersonen einbezogen und mit ihnen (strategische und operative) Ziele entwickelt sowie vereinbart werden können.
- die Grundhaltung der Interdependenz statt eine Haltung des unabhängigen Einzelakteurs oder einer unbeweglich auf Regeln und Hierarchie pochenden Verwaltungskraft einzunehmen.
- untereinander eine (lokale) Netzwerkkultur aufzubauen und zu pflegen.

Es reicht offensichtlich nicht mehr, den Führungskräften in sozialwirtschaftlichen Organisationen allein betriebswirtschaftliche Kompetenzen nach der Managementlogik zu vermitteln – sie müssen zukünftig auch fit sein, um in Netzwerken nach der Governancelogik mitzuwirken (vgl. Grunwald und Roß 2014, S. 17 ff.).

Die wichtigsten Aspekte:
1) Im Mittelpunkt der Steuerung organisierter Netzwerke steht die Gestaltung der Austauschbeziehungen zwischen den Partnern auf verschiedenen Ebenen (z. B. der Kommune) und aus verschiedenen fachlichen Feldern. In der sozialwirtschaftlichen Netzwerkpraxis werden meistens drei Steuerungsformen gemischt: Der Steuerungsmix aus Marktmechanismus, hierarchischer Koordination und heterarchischer Selbstorganisation hängt damit zusammen, dass das Zusammenwirken von Beteiligten teilweise im Rahmen eines Austausches marktgängiger Leistungen erfolgt, teilweise in Verbindung mit hierarchischen

Verwaltungsstrukturen steht und teilweise frei von Markt- und Hierarchieeinflüssen gestaltet werden kann.

2) Auf den übergeordneten strategischen Ebenen des sozialwirtschaftlichen Netzwerks dominieren in der Kommune hierarchische Steuerungsansätze, während auf der operativen Umsetzungsebene des Informationsaustausches, der Dienstleistungsketten oder der Überbrückung struktureller Löcher die Chancen heterarchischer Steuerungsmuster größer sind.

3) Bei der Selbstorganisation leistet jeder beteiligte Akteur gleichberechtigt Beiträge zur Koordination des Netzwerkes. Diese Steuerungsform wird als heterarchisch bezeichnet, denn die Akteure der verschiedenen Ressorts begegnen sich horizontal „auf Augenhöhe" und handeln strukturelle Fragen der Angebotsgestaltung und -entwicklung in der Sozialwirtschaft gemeinsam aus. Die Leistungsfähigkeit hängt im Wesentlichen davon ab, dass die beteiligten Personen und Organisationen freiwillig Verantwortung im Netzwerk übernehmen.

4) Monozentrische – d.h. auf einen einzigen Koordinationspunkt fokussierte – Organisationsmuster widersprechen der heterarchischen Steuerung von Netzwerken, weil sie ein „Flaschenhals"-Problem erzeugen. Wenn zu viele Kommunikationen und Abstimmungen über einen einzigen Knotenpunkt laufen müssen, ist das Risiko der Überlastung sowie der Re-Hierarchisierung – und damit des Scheiterns – groß. Deshalb entsprechen polyzentrische – d.h. auf mehrere Punkte verteilte – Formen der Koordination eher dem heterarchischen Prinzip, da sich die Abstimmungs- und Koordinationsfunktionen im Netz „auf mehrere Schultern" verteilen.

5) Im zweiseitigen (polyzentrischen) Koordinationsmodell kooperiert die Koordinationskraft quasi mit „Verbündeten" aus den einzelnen Ressorts und in der Trägerlandschaft. Diese sorgen in den jeweiligen Handlungsfeldern durch Ko-Koordination dafür, dass beispielsweise maßnahmenbezogene Handlungsnetzwerke nach Prinzipien der Selbstorganisation agieren können. Dabei gilt Vertrauen als das entscheidende Koordinationsmedium.

6) Wenn die Kommune als öffentlicher Träger – vertreten durch die Kommunalverwaltung – die Gesamtverantwortung für das Netzwerk trägt, erfolgt die Steuerung des Netzwerkes nach dem hierarchischen Gegenstromprinzip. Die Kommunikation verläuft kreislaufförmig über die Ebenen der Kommunalpolitik (Ratsausschüsse), Kommunalverwaltung (Fachbereiche) und Träger (operative Dienstleistungen in Einrichtungen und im Sozialraum) sowohl von oben nach unten (top-down) als auch wieder zurück (bottom-up).

7) Die Koordinationskraft muss in diesem Fall die vertikalen Pfade nutzen, um das Zusammenwirken aller beteiligten Gremien, Institutionen, Organisationen und Akteure über die Verantwortungsebenen mit einem geeigneten Instrumentarium der Abstimmung zu unterstützen.

8) Die Organisation der Kommunikation in organisierten Netzwerken wird im Allgemeinen als Netzwerkmoderation bezeichnet. Mit Methoden der Moderation wird Vertrauen im Netzwerk generiert und der netzinterne Austausch offen gestaltet. Diese Kommunikations-, Kooperations- und Verhandlungstechniken werden gezielt eingesetzt, um dem Verhandlungsbedarf zwischen den beteiligten Akteuren in einer offenen Kommunikationsweise gerecht zu werden. In hierarchischen Netzwerken kommen neben moderationsgestützten weichen Instrumenten der (heterarchischen) Vertrauensbildung auch harte Instrumente der (hierarchischen) Steuerung zum Einsatz.

9) Die Gelegenheiten von gleichmäßigen häufigen Kontakten gelangen mit steigender Zahl von Beteiligten an eine Grenze, die eine verstärkte Strukturbildung innerhalb des Netzwerks erforderlich macht. Bei einer großen Zahl von Akteuren kompensieren koordinierende Methoden, dass sich die Interaktionen nicht mehr gleichmäßig über alle Beteiligten verteilen können.

10) Damit die Beteiligten aus den verschiedenen Institutionen, Ressorts und Organisationen nach dem Governance-Prinzip in dem beschriebenen Mix von heterarchischen und hierarchischen Formen im Netzwerk zusammenarbeiten können, sind in der Personalentwicklung entsprechende Kompetenzen sowohl der Führungskräfte als auch der Mitarbeitenden zu fördern.

Literaturempfehlungen zur Vertiefung

Für die vertiefte Auseinandersetzung mit der Steuerung und Moderation von Netzwerken wird folgende Literatur empfohlen:

Klebert, K., Schrader, E., &. Straub, W. G. (2006). *Moderations-Methode. Das Standardwerk*. Hamburg: Windmühlen-Verlag.
Sydow, J., & Windeler, A. (Hrsg.) (2000). *Steuerung von Netzwerken. Konzepte und Praktiken*. Wiesbaden: Westdeutscher Verlag.
Teller, M., & Longmuß, J. (2007). *Netzwerkmoderation. Netzwerke zum Erfolg führen*. München: Ziel Verlag.

Anregungen für praxisbezogene Reflexionen

Bitte, reflektieren Sie, warum auf den übergeordneten strategischen Ebenen des sozialwirtschaftlichen Netzwerks in der Kommune hierarchische Steuerungsansätze dominieren und warum auf der operativen Umsetzungsebene des Informationsaustausches, der Dienstleistungsketten oder der Überbrückung struktureller Löcher eher heterarchische Steuerungsmuster bevorzugt werden.

Wie könnte man vorgehen, wenn eine polyzentrische Form der Koordination im Netzwerk etabliert werden soll? Reflektieren Sie an einem Beispiel, das Sie kennen, wie die Abstimmungs- und Koordinationsfunktionen im Netz dann zu gestalten sind.

Wie könnte man vorgehen, wenn die Koordination des Netzwerks nach dem hierarchischen Gegenstromprinzip angelegt werden soll? Reflektieren Sie an einem Beispiel, das Sie kennen, wie die Abstimmungs- und Koordinationsfunktionen kreislaufförmig gestaltet werden können und welche hierarchischen Ebenen wer wie einbeziehen kann.

Welche Formen der Moderation würden Sie in hierarchischen Netzwerken und welche in heterarchischen wählen?

Literatur

Aderhold, J. (2009). Selektivitäten des Netzwerkes im Kontext hybrider Strukturen und systemischer Effekte – illustriert am Beispielen regionaler Kooperation. In R. Häußling (Hrsg.), *Grenzen von Netzwerken* (S. 183–208). Wiesbaden: VS Verlag für Sozialwissenschaften.
Baitsch, C., & Müller, B. (Hrsg.) (2001). *Moderation in regionalen Netzwerken*. München, Mering: Hampp Verlag.
Burger, M. (2013). *Selbstverstärkende Dynamiken in Netzwerken. Interorganisationale Pfadabhängigkeit von Allokationspraktiken*. Wiesbaden: Springer Gabler.
Christakis, N. A., & Fowler, J. H. (2010). *Connected! Die Macht sozialer Netzwerke und warum Glück ansteckend ist*. Frankfurt am Main: Fischer.
Friedrich, S. (2012). *Ressourcenorientierte Netzwerkmoderation. Ein Empowermentwerkzeug in der Sozialen Arbeit*. Wiesbaden: Springer VS.
Fuhse, J. (2010). Menschenbild. In C. Stegbauer & R. Häußling (Hrsg.), *Handbuch Netzwerkforschung* (S. 166–175). Wiesbaden: VS Verlag für Sozialwissenschaften.
Grunwald, K., & Roß, P.-S. (2014). Governance Sozialer Arbeit. Versuch einer theoriebasierten Handlungsorientierung für die Sozialwirtschaft. In A. Tabatt-Hirschfeldt (Hrsg.), *Öffentliche und Soziale Steuerung. Public Management und Sozialmanagement im Diskurs* (S. 17–64). Baden-Baden: Nomos.
Hess, T. (2002). *Netzwerkcontrolling. Instrumente und ihre Werkzeugunterstützung*. Wiesbaden: Deutscher Universitäts-Verlag.
Horn, E., & Gisi, L. M. (2009). *Schwärme. Kollektive ohne Zentrum. Eine Wissensgeschichte zwischen Leben und Information*. Bielefeld: Transcript.
Klebert, K., Schrader, E., &. Straub, W. G. (2006). *Moderations-Methode. Das Standardwerk*. Hamburg: Windmühlen-Verlag.
Mützel, S. (2010). Netzwerkansätze in der Wirtschaftssoziologie. In J. Fuhse & S. Mützel (Hrsg.), *Relationale Soziologie. Zur kulturellen Wende der Netzwerkforschung* (S. 601–613). Wiesbaden: VS Verlag für Sozialwissenschaften.

Rürup, M., Röbken, H., Emmerich, M., & Dunkake, I. (2015). *Netzwerke im Bildungswesen. Eine Einführung in ihre Analyse und Gestaltung.* Wiesbaden: Springer VS.
Stegbauer, C. (2016). *Grundlagen der Netzwerkforschung. Situation, Mikronetzwerke und Kultur.* Wiesbaden: Springer VS.
Sydow, J., & Windeler, A. (Hrsg.) (2000). *Steuerung von Netzwerken. Konzepte und Praktiken.* Wiesbaden: Westdeutscher Verlag.
Teller, M., & Longmuß, J. (2007). *Netzwerkmoderation. Netzwerke zum Erfolg führen.* München: Ziel Verlag.

Zusammenfassung: Gestaltung von Netzwerken in der Sozialwirtschaft

Der Bedeutungsgewinn von Netzwerken als Organisationsform in der Sozialwirtschaft hängt mit dem Wandel der Steuerungsformen im Laufe der vergangenen 50 Jahre zusammen: Die hierarchische Bürokratie der öffentlichen Verwaltung wurde zuerst in den 1990er Jahren von der ökonomischen Modernisierung nach dem New Public Management in einen neuen Rahmen gestellt. Zu Beginn des neuen Jahrhunderts fand durch den Ansatz der New Public Governance ein weiteres Reframing statt. In der Governancelogik nehmen hierarchische Führungsmuster ab und partizipatorische, interaktive Formen zu. Dem traditionellen Menschenbild des rational, egoistisch und autonom handelnden Homo Oeconomicus wird das Modell des Netzwerkmenschen – Homo Dictyos – entgegengesetzt, dessen Entscheidungen von der sozialen Einbettung abhängig sind. Der Netzwerkansatz gewann an Bedeutung, weil die Interdependenzen und die soziale Einbettung der Akteure in besonderer Weise berücksichtigt werden können.

Prinzipiell müssen zwei Grundtypen von Netzwerken differenziert werden: Das Alltagsleben wird von gelebten Netzwerken bestimmt, worunter natürlich geknüpfte lebensweltliche Beziehungsnetzwerke zu verstehen sind. Ihnen stehen professionell gemachte, d. h. organisierte Netzwerke, gegenüber, die den Charakter bewusst gestalteter (proto-)professioneller Kooperationsgeflechte aufweisen. Die lebensweltlichen Netzwerke bestehen vor allem aus Beziehungen der Freundschaft, des interpersonalen Respekts, aber auch des jeweiligen Gegenteils, aus Tauschbeziehungen in der alltäglichen Daseinsvorsorge, aus Kommunikation und Informationsaustausch sowie in der Begegnung formaler Rollenbeziehungen in den lebensweltlichen Interaktionen und als Verwandtschaftsbeziehungen – sie entziehen sich weitgehend der sozialtechnologischen Machbarkeit und können allenfalls mittels Methoden der Gemeinwesenarbeit unterstützt und gestärkt werden.

Die Gestaltung und das Management von Netzwerken beziehen sich folglich nur auf organisierte Netzwerke, die in der Sozialwirtschaft auf einem Sinn beruhen, als System verstanden werden können, als Organisationsstruktur in unterschiedlichem Design gestaltet sind und im Rahmen einer Netzwerkkultur stattfinden. Der Sinnkern eines organisierten Netzwerks wird von den Fragen bestimmt: Warum soll das Netzwerk aufgebaut und organisiert werden? Was ist der Sinn der zu generierenden Beziehungen? Wenn ein organisiertes Netzwerk eine Außengrenze definiert, also eine abgeschlossene Struktur herausbildet und die beteiligten Akteure in der kontinuierlichen thematisch gebundenen Interaktion untereinander eine eigene Identität entwickeln, dann repräsentiert es einen Systemzusammenhang. Ein lebensweltliches Netzwerk besteht demgegenüber eher aus unabgeschlossenen Strukturen dyadischer Sozialbeziehungen und weist daher nicht den Charakter eines sozialen Systems auf. Die Gestaltung eines organisierten Netzwerkes beinhaltet die Design-Aufgabe, in welcher Weise zuvor unverbundene Akteure miteinander verbunden werden sollen. Dafür eignet sich besonders die – aus dem „Design Thinking" abgeleitete – Methode des Network Design Thinking. In der Iteration von Verstehen, Beobachten, Sichtweisen definieren, Ideen finden, Prototypen entwickeln und Testen schälen sich Netzwerklösungen heraus, die aus der Perspektive der Adressatinnen und Adressaten Sinn machen, wenn deren Bedürfnisse erfüllt werden. Die Beteiligten eines organisierten Netzwerks treffen zu bestimmten Anlässen zusammen und entwickeln Routinen des Umgangs miteinander: Durch dieses kontinuierliche Zusammenwirken wird eine gemeinsame Kultur ausgebildet. Sie wird durch die Interaktion und das direkte Erleben in den Situationen und Ereignissen des Netzwerks übertragen. Eine wichtige kulturelle Rolle spielt die erzählte Geschichte über das Netzwerk, die durch Kommunikation innerhalb und außerhalb des Netzwerks vermittelt wird.

Organisierte Netzwerke weisen je nach Sinnkern unterschiedliche Muster auf. Es können vier Grundarten unterschieden werden: (I) die Bündelung von Interessen, (II) der Informationsaustausch und die Informationsübertragung, (III) das Zusammenwirken in einem Dienstleistungsnetzwerk und (IV) die Überbrückung struktureller Löcher.

Bei einer Interessenallianz handelt es sich um eine strategische Partnerschaft, in der die Akteure ihre Kompetenzen bündeln, um strategische Vorteile zu erzielen. Auch in der Sozialwirtschaft kooperieren Organisationen in unterschiedlicher Trägerschaft miteinander, um eigene Schwächen durch die Potenziale der Partner zu kompensieren und die Wettbewerbsposition zu sichern und langfristig zu verbessern (z. B. die Liga der Wohlfahrtsverbände als Verbund von potenziellen Wettbewerbern). Netzwerkstrategisch sollen aus der kontinuierlichen Interessenabstimmung interpersonelle Bindungen resultieren, die mittelfristig (politisches) Sozialkapital und eine Interessenkoalition generieren.

Die zentrale Funktion von Informationsnetzwerken besteht im Austausch untereinander. In der Sozialwirtschaft sollen sich die Akteure gegenseitig über das bestehende Angebots- und Aufgabenspektrum informieren. Informationsnetzwerke entwickeln sich nicht informell wie die natürlichen Beziehungen im Alltagsleben, sondern verlangen das kompetente Management einer Infrastruktur, die den Austausch von Informationen erleichtert und fördert. Oft wird der Austausch über eine Koordinierungsstelle strukturiert. Damit die interessierten Fachkräfte und Beteiligten aus den verschiedenen Organisationen und Institutionen auf die zu kommunizierenden Inhalte zugreifen können, werden auch technische Lösungen wie Internetplattformen und virtuelle Materialsammlungen bereitgestellt.

Im Rahmen einer zunehmenden Verflechtung können Informationsnetzwerke zu Dienstleistungsnetzwerken weiterentwickelt werden, weil durch den reflexiven Austausch Schlussfolgerungen für das Erbringen der Dienstleistungen gezogen werden können. Bestehende Angebote werden – orientiert am Gesamtnutzen für die Adressaten und für die Kommune als Ganzes – strukturell zu neuen Qualitäten verknüpft: d. h. die sich ergebende Wertkette gliedert alle bisher isolierten Einzelaktivitäten in einen Zusammenhang, der in der schlüssigen Verbindung voneinander abhängiger Teilprozesse effizienter, qualitätsfokussiert und wirksamer organisiert werden kann. Neben der Bezeichnung des Dienstleistungsnetzwerks ist auch der Terminus Wertschöpfungsnetzwerk verbreitet, wenn durch die Kooperation eine höhere Wertschöpfung (im pädagogischen bzw. sozialwirtschaftlichen Sinn für die Adressaten erzielt wird.

Zwischen Beziehungs-Clustern, in denen sich Interaktionsgelegenheiten regelmäßig wiederholen (z. B. am Arbeitsplatz, in der Nachbarschaft etc.) entstehen unverbundene Zonen, die als strukturelle Löcher bezeichnet werden. Ein Überbrückungsnetzwerk nutzt vermittelnde Beziehungen, um diesen beziehungsleeren oder beziehungsarmen Raum zwischen den dichteren Netzwerk-Clustern zu überbrücken.

Das Management organisierter Netzwerke baut auf drei Säulen auf: (I.) kontinuierliche Organisation eines Informationssystems, (II.) die Sicherung der Prozessabläufe des Aufbaus und des Zusammenwirkens – z. B. durch eine Koordination – sowie (III.) die Flankierung der Zusammenarbeit mit einer nachhaltigen Qualitätsentwicklung.

Der Informationsaustausch hält die Ereignisse im Netzwerk transparent und beugt einer Unübersichtlichkeit vor – damit wird ein angemessenes Netzwerkcontrolling sichergestellt. Dazu sind kontinuierlich planungs- und steuerungsrelevante Informationen über das Netzwerk, über die beteiligten Organisationen und über die Impulse aus der Umwelt zu erheben, auszuwerten und in den Prozess des Netzwerks einzuspeisen.

Die zentrale Managementsäule zur Sicherung der Prozessabläufe umfasst die strategische Vorbereitung, die Planung bzw. den Aufbau der Kooperation, die Koordination der Abstimmung unter den Akteuren, die operative Durchführung kooperativer Maßnahmen und die Evaluation der Vernetzung. In der Vorbereitung kommen der Strategischen Situationsanalyse und der Analyse potenzieller Netzwerkakteure jeweils ein wichtiger Stellenwert zu.

Diejenigen Akteure, die in einem Sozialraum oder im fachlichen Handlungsbereich Einfluss ausüben, werden als Stakeholder bezeichnet. In der deutschen Übersetzung heißen sie Interessens- und Anspruchsgruppen, ohne deren Unterstützung ein interorganisationales Netzwerk nicht existieren kann. In der Perspektive des Managements handelt es sich um Personen oder Gruppen, von deren Haltung und Einsatz die Entwicklung des Netzwerks abhängt. Umgekehrt hängen die Stakeholder aber auch vom Erfolg des Netzwerks ab – im übertragenen Sinn ist das ihr „Gewinn". Die Stakeholder richten sowohl fachliche Ansprüche als auch wirtschaftliche Nutzenerwartungen an das organisierte Netzwerk

Bevor ein organisiertes Netzwerk generiert und konstituiert wird, muss im Rahmen einer Stakeholderanalyse aufgeklärt werden, welche Stakeholder für das Vernetzungsziel und den Vernetzungsgegenstand bedeutsam sind. Die Analyse umfasst sieben Schritte: (I) die Identifikation der Stakeholder; (II) die Identifizierung der repräsentierenden Schlüsselpersonen; (III) die Herausarbeitung der Ansprüche und der Interessen sowie der Aufträge und der Ziele; (IV) die Analyse und die Bewertung des Einflusses und der Interessen im Hinblick auf das Vernetzungsziel; (V) die Interpretation, ob dem bisherigen Verhalten der einzelnen Stakeholder gegenüber dem Vernetzungsziel und dem Vernetzungsanlass eher eine unterstützende oder ablehnend-bedrohende Haltung zu Grunde liegt; (VI) die möglichen thematischen Kopplungspunkte und (VII) in der bewertenden Zusammenfassung die Ableitung von Strategien und Maßnahmen zur Aktivierung und Vernetzung der Stakeholder. Als Instrumente werden eine Stakeholdertabelle mit den Stakeholdergruppen, deren Schlüsselpersonen sowie den Analysedimensionen und eine Stakeholdermatrix erarbeitet, um den Einfluss und die Interessen der Stakeholder für die beabsichtigte Netzwerkkooperation zu bewerten.

Die Qualitätsentwicklung hat – als dritte Managementsäule – die Funktion, die fachliche Programmierung des Netzwerks sicherzustellen. Dazu werden an den Schnittstellen des Austausches oder der Kooperation Standards definiert und vereinbart. Die Qualitätssicherung organisierter Netzwerke setzt auf der Basisebene der Schnittstellen von Akteurspaaren an, die sich gegenseitig adressatenorientiert befähigen und entlasten können. Als wichtiges Handwerkszeug wird dazu die Prozesskettenanalyse verwendet: Danach wird zuerst die Logistik geplant, wie die Adressaten im Netzwerk geführt werden sollen. Als zweites spielt die Festlegung der Qualitäten an der Schnittstelle zwischen den Akteuren des Netzwerks eine wichtige Rolle. Als drittes kommen der angemessenen Informierung und Partizipation der Adressatinnen sowie Adressaten und der gegenseitige

Informationsfluss zwischen den Trägern sowie Organisationen während des Prozesses eine große Bedeutung zu. Ein weiterer Schlüsselaspekt betrifft die Kultur der Kooperation; dabei geht es um eine Balance von organisationaler und persönlicher Beziehungspflege zwischen den Akteuren des Netzwerks und um eine Balance von fachlicher und persönlicher Interaktion.

Für die Aufbauorganisation eines organisierten Netzwerks sind drei Komponenten bedeutsam: (1) Die Basis eines Strukturnetzwerks, (2) die darauf aufbauenden Themen- oder Handlungsnetzwerke und (3) die Koordination. Das Strukturnetzwerk repräsentiert die flächendeckend verbindliche und in ihren bilateralen fachlichen Beziehungspunkten definierte Zusammenarbeit zwischen den einzubeziehenden Diensten, Einrichtungen, Organisationen und Vereinen. Damit es wirksam werden kann, soll das Strukturnetz von den Führungs- und Entscheidungskräften der Leistungsträger und Institutionen als interinstitutionelles Beziehungssystem – unter Beteiligung der Sprecherinnen oder Sprecher von Adressatinnen- und Adressateninteressen – aufgebaut und getragen werden. Für die einzelnen fachübergreifenden Lösungsansätze, die in der operativen Netzwerkarbeit vor Ort zu verfolgen sind, sind Themen- oder Handlungsnetzwerke erforderlich, in denen nicht mehr alle Akteure mitwirken, sondern nur diejenigen, die eine – auf einen bestimmten Bedarf gerichtete – kooperative Maßnahme gemeinsam verantworten. Das Strukturnetzwerk vereinbart, welche einzelnen Produkte entstehen sollen und wie das über die Ebenen der kommunalen Verantwortung unterstützt werden kann. Die Koordination bezieht sich in erster Linie auf die Prozessorganisation des Strukturnetzwerkes. In zweiter Linie unterstützt und begleitet die Koordination die Handlungsnetzwerke, damit deren operative Leistungen im selbstverantwortlichen Zusammenwirken verschiedener Akteure erfolgreich verknüpft werden können.

In der interinstitutionellen Kooperation der Dienstleistungsnetzwerke bzw. Wertschöpfungsnetzwerke werden die isolierten Einzelprozesse der Einrichtungen und Institutionen zu einer zielgerichteten Prozesskette verbunden. Die einzelnen Leistungen werden – unter der Perspektive des Gesamtbedarfs und der Gesamtentwicklung – zu einer Folge von logisch zusammenhängenden Aktivitäten integriert, wenn es für die Adressatin oder den Adressaten einen höheren Nutzen verspricht.

Die Prozesskette wird nach primären und sekundären (unterstützenden) Aktivitäten differenziert: Die primären Aktivitäten beinhalten die Herstellung der Dienstleistungen, ihre Distribution unter den Adressaten und den begleitenden Service. Die Abstimmung der Angebote unter den Einrichtungen gehört zu den sekundären Aktivitäten und soll sichern, dass die primären Aktivitäten genau zusammenpassen und zum erwünschten Gesamtergebnis führen. Im Zentrum der Netzwerkkooperation steht das operativ an Primärprozessen ausgerichtete Netzwerk (als Dienstleistungskette); es wird unterstützt von strategisch an Sekundärprozessen ausgerichteten Netzwerkaktivitäten (Handlungskoalition).

Im Mittelpunkt der Steuerung organisierter Netzwerke steht die Gestaltung der Austauschbeziehungen zwischen den Partnern auf verschiedenen Ebenen (z. B. der Kommune) und aus verschiedenen fachlichen Feldern. In der sozialwirtschaftlichen Netzwerkpraxis werden meistens drei Steuerungsformen gemischt: Es kommt zu einem Steuerungsmix aus Marktmechanismus, hierarchischer Koordination und heterarchischer Selbstorganisation, weil das Zusammenwirken von Beteiligten teilweise im Rahmen eines Austausches marktgängiger Leistungen erfolgt, teilweise in Verbindung mit hierarchischen Verwaltungsstrukturen steht und teilweise frei von Markt- und Hierarchieeinflüssen gestaltet werden kann. Auf den übergeordneten strategischen Ebenen des sozialwirtschaftlichen Netzwerks dominieren in der Kommune hierarchische Steuerungsansätze, während auf der operativen Umsetzungsebene des Informationsaustausches, der Dienstleistungsketten oder der Überbrückung struktureller Löcher die Chancen heterarchischer Steuerungsmuster größer sind.

Bei der Selbstorganisation leistet jeder beteiligte Akteur gleichberechtigt Beiträge zur Koordination des Netzwerkes. Diese Steuerungsform wird als heterarchisch bezeichnet, denn die Akteure der verschiedenen Ressorts beggnen sich horizontal „auf Augenhöhe" und handeln strukturelle Fragen der Angebotsgestaltung und -entwicklung in der Sozialwirtschaft gemeinsam aus. Die Leistungsfähigkeit hängt im Wesentlichen davon ab, dass die beteiligten Personen und Organisationen freiwillig Verantwortung im Netzwerk übernehmen.

Monozentrische – d. h. auf einen einzigen Koordinationspunkt fokussierte – Organisationsmuster widersprechen dem heterarchischen Prinzip von Netzwerken, weil sie ein „Flaschenhals"-Problem erzeugen. Wenn zu viele Kommunikationen und Abstimmungen über einen einzigen Knotenpunkt laufen müssen, ist das Risiko der Überlastung sowie der Re-Hierarchisierung – und vor allem des Scheiterns – groß. Deshalb entsprechen polyzentrische – d. h. auf mehrere Punkte verteilte – Formen der Koordination eher dem heterarchischen Verständnis, da sich die Abstimmungs- und Koordinationsfunktionen im Netz „auf mehrere Schultern" verteilen. Die Koordinationskraft kooperiert quasi mit „Verbündeten" aus den einzelnen Ressorts und in der Trägerlandschaft. Diese sorgen in den jeweiligen Handlungsfeldern durch Ko-Koordination dafür, dass beispielsweise maßnahmenbezogene Handlungsnetzwerke nach Prinzipien der Selbstorganisation agieren können. Dabei gilt Vertrauen als das entscheidende Koordinationsmedium.

Wenn die Kommune als öffentlicher Träger – vertreten durch die Kommunalverwaltung – die Gesamtverantwortung für das Netzwerk trägt, erfolgt die Steuerung des Netzwerkes nach dem hierarchischen Gegenstromprinzip. Die Kommunikation verläuft kreislaufförmig über die Ebenen der Kommunalpolitik (Ratsausschüsse), Kommunalverwaltung (Fachbereiche) und Träger (operative Dienstleistungen in Einrichtungen und im Sozialraum) sowohl von oben nach unten (top-down) als auch wieder zurück (bottom-up). Die Koordinationskraft muss die vertikalen Pfade nutzen, um das Zusammenwirken aller beteiligten Gremien, Institutionen, Organisationen und Akteure über die Verantwortungsebenen mit einem geeigneten Instrumentarium der Abstimmung zu unterstützen.

Die Organisation der Kommunikation in organisierten Netzwerken wird im Allgemeinen als Netzwerkmoderation bezeichnet. Mit Methoden der Moderation wird Vertrauen im Netzwerk generiert und der netzinterne Austausch offen gestaltet. Diese Kommunikations-, Kooperations- und Verhandlungstechniken werden gezielt eingesetzt, um dem Verhandlungsbedarf zwischen den beteiligten Akteuren in einer offenen Kommunikationsweise gerecht zu werden. In hierarchischen Netzwerken kommen aber neben moderationsgestützten weichen Instrumenten der (heterarchischen) Vertrauensbildung auch harte Instrumente der (hierarchischen) Steuerung zum Einsatz.

Die Gelegenheiten von gleichmäßigen häufigen Kontakten gelangen mit steigender Zahl von Beteiligten an eine Grenze, die eine verstärkte Strukturbildung innerhalb des Netzwerks erforderlich macht. Bei einer großen Zahl von Akteuren kompensieren koordinierende Methoden, dass sich die Interaktionen nicht mehr gleichmäßig über alle Beteiligten verteilen können.

Literatur

Aderhold, J. (2009). Selektivitäten des Netzwerkes im Kontext hybrider Strukturen und systemischer Effekte – illustriert am Beispielen regionaler Kooperation. In R. Häußling (Hrsg.), *Grenzen von Netzwerken* (S. 183–208). Wiesbaden: VS Verlag für Sozialwissenschaften.

Avenarius, C. (2010). Knoten im Netzwerk. In C. Stegbauer & R. Häußling (Hrsg.), *Handbuch Netzwerkforschung* (S 124–134). Wiesbaden: VS Verlag für Sozialwissenschaften.

Baecker, D. (1999). *Organisation als System*. Frankfurt am Main: Suhrkamp.

Baecker, D. (2003). *Organisation und Management*. Frankfurt am Main: Suhrkamp.

Baecker, D. (2007). *Studien zur nächsten Gesellschaft*. Frankfurt am Main: Suhrkamp.

Baitsch, C., & Müller, B. (Hrsg.) (2001). *Moderation in regionalen Netzwerken*. München, Mering: Hampp Verlag.

Becker, T., Dammer, I., Howaldt, J., Killich, S., & Loose, A. (Hrsg.) (2007). *Netzwerkmanagement. Mit Kooperation zum Unternehmenserfolg*. 2. Auflage, Berlin, Heidelberg, New York: Springer Verlag.

Becker, T., & Ellerkmann, F. (2007). Geschäftsprozesse in Kooperationen optimieren. In T. Becker et al. (Hrsg.), *Netzwerkmanagement. Mit Kooperation zum Unternehmenserfolg* (S. 75–89). 2. Auflage, Berlin, Heidelberg, New York: Springer Verlag.

Behjat, S. (2007). *Prozessmanagement in der Verwaltung. Shared Services in der Verwaltung durch Gestaltung von Wertschöpfungsprozessen*. Saarbrücken: VDM, Müller.

Bieger, T. (2007). *Dienstleistungsmanagement*. Bern: Haupt.

Borgatti, S. P. (2007). *2-Mode Concepts in Social Network Analysis*. http://steveborgatti.com/papers/2modeconcepts.pdf. (Zugegriffen: 22.06.2017).

Broch, J., Rassiller, M., & Scholl, D. (Hrsg.) (2007). *Netzwerke der Moderne. Erkundungen und Strategien*. Würzburg: Königshausen und Neumann.

Brown, T. (2009). *Change by Design. How Design Thinking Transforms Organizations and Inspires Innovation*. New York: Harper Collins Publishers.

Burger, M. (2013). *Selbstverstärkende Dynamiken in Netzwerken. Interorganisationale Pfadabhängigkeit von Allokationspraktiken.* Wiesbaden: Springer Gabler.
Burt, R. S. (2009). *Neighbor Networks. Competitive Advantage Local and Personal.* Oxford: Oxford University Press.
Burt, R. S. (2001). Structural Holes versus Network Closure as Social Capital. In N. Lin, K. S. Cook & R. S. Burt (Hrsg.), *Social Capital. Theory and Research.* Aldine: de Gruyter. http://snap.stanford.edu/class/cs224w-readings/burt00capital.pdf (Zugegriffen: 06.02.2013).
Burt, R. S. (1992). *Structural Holes. The Social Structure of Competition.* Cambridge/MA: Harvard University Press.
Castells, M. (2001). *Die Netzwerkgesellschaft. Das Informationszeitalter I.* Opladen: Leske + Budrich.
Christakis, N. A., & Fowler, J. H. (2010). *Connected! Die Macht sozialer Netzwerke und warum Glück ansteckend ist.* Frankfurt am Main: Fischer.
Erbeldinger, J., & Ramge, T. (2015). *Durch die Decke denken. Design Thinking in der Praxis.* 3. Auflage, München: Redline Verlag.
Esser, H. (2001). *Soziologie. Spezielle Grundlagen. Band 6: Sinn und Kultur.* Frankfurt am Main: Campus.
Fließ, S. (2006). *Prozessorganisation in Dienstleistungsunternehmen.* Stuttgart: Kohlhammer.
Freeman, R. E. (2010). *Strategic Management. A Stakeholder Approach.* Boston: Pitman.
Friedrich, S. (2012). *Ressourcenorientierte Netzwerkmoderation. Ein Empowermentwerkzeug in der Sozialen Arbeit.* Wiesbaden: Springer VS.
Füermann, T., & Dammasch, C. (2002): *Prozessmanagement. Anleitung zur ständigen Prozessverbesserung.* München, Wien: Hanser.
Fuhse, J. (2016). *Soziale Netzwerke. Konzepte und Forschungsmethoden.* Konstanz und München: UVK.
Fuhse, J. (2010). Menschenbild. In C. Stegbauer & R. Häußling (Hrsg.), *Handbuch Netzwerkforschung* (S. 166–175). Wiesbaden: VS Verlag für Sozialwissenschaften.
Fuhse, J. (2009). Lässt sich die Netzwerkforschung besser mit der Feldtheorie oder der Systemtheorie verknüpfen? In R. Häußling (Hrsg.), *Grenzen von Netzwerken* (S. 54–80). Wiesbaden: VS Verlag für Sozialwissenschaften.
Gehlen, A. (1977). *Urmensch und Spätkultur. Philosophische Ergebnisse und Aussagen.* 4. Auflage, Frankfurt am Main: Athenaion.
Grunwald, K., & Roß, P.-S. (2014). Governance Sozialer Arbeit. Versuch einer theoriebasierten Handlungsorientierung für die Sozialwirtschaft. In A. Tabatt-Hirschfeldt (Hrsg.), *Öffentliche und Soziale Steuerung. Public Management und Sozialmanagement im Diskurs* (S. 17–64). Baden-Baden: Nomos.
Gürtler, J., & Meyer, J. (2013). *30 Minuten Design Thinking.* Offenbach: Gabal Verlag.
Gukenbiehl, H. L. (1995). Institution und Organisation. In H. Korte & B. Schäfers (Hrsg.) (1995), *Einführung in Hauptbegriffe der Soziologie* (S. 95–110). 3. Auflage, Opladen: Leske + Budrich.

Literatur

Haas, J., & Malang, T. (2010). Beziehungen und Kanten. In C. Stegbauer & R. Häußling (Hrsg.), *Handbuch Netzwerkforschung* (S. 88–98). Wiesbaden: VS Verlag für Sozialwissenschaften.

Habermas, J. (1981). *Theorie des kommunikativen Handelns. Band 2: Zur Kritik der funktionalistischen Vernunft*. Frankfurt am Main: Suhrkamp.

Häußling, R. (2010). Zum Design(-begriff) der Netzwerkgesellschaft. Design als zentrales Element der Identitätsformation in Netzwerken. In J. Fuhse & S. Mützel (Hrsg.), *Relationale Soziologie. Zur kulturellen Wende der Netzwerkforschung* (S. 137–162). Wiesbaden: VS Verlag für Sozialwissenschaften.

Hepp, A. (2010). Netzwerk und Kultur. In C. Stegbauer & R. Häußling (Hrsg.), *Handbuch Netzwerkforschung* (S. 226–234). Wiesbaden: VS Verlag für Sozialwissenschaften.

Herz, A. (2012). Ego-zentrierte Netzwerkanalysen zur Erforschung von Sozialräumen. *sozialraum.de*, 4, http://www.sozialraum.de/ego-zentrierte-netzwerkanalysen-zur-erforschung-von-sozialraeumen.php (Zugegriffen: 25.03.2017).

Hess, T. (2002). *Netzwerkcontrolling. Instrumente und ihre Werkzeugunterstützung*. Wiesbaden: Deutscher Universitäts-Verlag.

Hörrmann, G., & Tiby, C. (1991). Projektmanagement richtig gemacht. In A.D. Little (Hrsg.), *Management der Hochleistungsorganisation* (S. 73–91). Wiesbaden: Gabler.

Holzer, B. (2010). Von der Beziehung zum System – und zurück? Relationale Soziologie und Systemtheorie. In J. Fuhse & S. Mützel (Hrsg.), *Relationale Soziologie. Zur kulturellen Wende der Netzwerkforschung* (S. 96–116). Wiesbaden: VS Verlag für Sozialwissenschaften.

Holzer, B., & Fuhse, J. (2010). Netzwerke aus systemtheoretischer Perspektive. In C. Stegbauer & R. Häußling (Hrsg.), *Handbuch Netzwerkforschung* (S. 312–323). Wiesbaden: VS Verlag für Sozialwissenschaften.

Horn, E., & Gisi, L.M. (2009). *Schwärme. Kollektive ohne Zentrum. Eine Wissensgeschichte zwischen Leben und Information*. Bielefeld: Transcript.

Howaldt, J., Kopp, R., & Flocken, P. (Hrsg.) (2001). *Kooperationsverbünde und regionale Modernisierung. Theorie und Praxis der Netzwerkarbeit*. Wiesbaden: Gabler.

Jansen, D. (2006). *Einführung in die Netzwerkanalyse. Grundlagen, Methoden, Anwendungen*. 2. Auflage, Wiesbaden: VS Verlag für Sozialwissenschaften.

Kelley, D., & Kelley, T. (2014). *Kreativität und Selbstvertrauen*. Mainz: Hermann Schmidt Verlag.

Killich, S. (2007). Formen der Unternehmenskooperation. In T. Becker, I. Dammer, J. Howaldt, S. Killich & A. Loose (Hrsg.), *Netzwerkmanagement. Mit Kooperation zum Unternehmenserfolg* (S. 13–22). 2. Auflage, Berlin, Heidelberg, New York: Springer Verlag.

Klebert, K., Schrader, E., &. Straub, W.G. (2006). *Moderations-Methode. Das Standardwerk*. Hamburg: Windmühlen-Verlag.

Kraege, R. (1997). *Controlling strategischer Unternehmenskooperationen. Aufgaben, Instrumente und Gestaltungsempfehlungen*. Schriften zum Management, Band 9, München, Mering: Rainer Hampp Verlag.

Landesvereinigung für Gesundheit & Akademie für Sozialmedizin Niedersachsen e. V. (2013). *Werkbuch Präventionskette. Herausforderungen und Chancen beim Aufbau von Präventionsketten in Kommunen.* http://www.bzga.de/?sid=1144 (Zugegriffen: 19.01.2017).

Lewrick, M., Link, P., & Leifer, L. (Hrsg.) (2017). *Das Design Thinking Playbook.* München: Vahlen Verlag.

Luhmann, N. (1973). *Zweckbegriff und Systemrationalität. Über die Funktion von Zwecken in sozialen Systemen.* Frankfurt am Main: Suhrkamp.

Luhmann, N. (1978). Handlungstheorie und Systemtheorie. *Kölner Zeitschrift für Soziologie und Sozialpsychologie,* 30: 211–227.

Luhmann, N. (1998). *Die Gesellschaft der Gesellschaft.* 2 Bde., Frankfurt am Main: Suhrkamp.

Luhmann, N. (2004). *Einführung in die Systemtheorie.* 2. Auflage, Heidelberg: Carl Auer.

Meinel, C., Weinberg, U., & Krohn, T. (2015). *Design Thinking Live. Wie man Ideen entwickelt und Probleme löst.* Hamburg: Murmann Publishers.

Mintzberg, H., Ahlstrand, B., & Lampel, J. (1999). *Strategy Safari. Eine Reise durch die Wildnis des strategischen Managements.* Wien: Ueberreuter.

Mützel, S. (2010). Netzwerkansätze in der Wirtschaftssoziologie. In J. Fuhse & S. Mützel (Hrsg.), *Relationale Soziologie. Zur kulturellen Wende der Netzwerkforschung* (S. 601–613). Wiesbaden: VS Verlag für Sozialwissenschaften.

Nadler, D. A., Gerstein, M. S., & Shaw, R. B. (Hrsg.) (1992). *Organizational Architecture. Designs for Changing Organizations.* San Francisco: Jossey-Bass.

Pappi, F. U. (1987). *Techniken der empirischen Sozialforschung. Band 1: Methoden der Netzwerkanalyse.* München, Wien: Oldenbourg.

Plattner, H., Meinel, C., & Weinberg, U. (2011). *Design Thinking. Innovationen lernen – Ideenwelten öffnen.* München: mi-Wirtschaftsbuch.

Raab, J. (2010). Netzwerke und Netzwerkanalyse in der Organisationsforschung. In C. Stegbauer & R. Häußling (Hrsg.), *Handbuch Netzwerkforschung* (S. 575–586). Wiesbaden: VS Verlag für Sozialwissenschaften.

Rausch, A. (2010). Bimodale Netzwerke. In C. Stegbauer & R. Häußling (Hrsg.), *Handbuch Netzwerkforschung* (S. 421–432). Wiesbaden: VS Verlag für Sozialwissenschaften.

Rüegg-Stürm, J. (2003). *Das neue St. Galler Management-Modell. Grundkategorien einer integrierten Managementlehre. Der HSG-Ansatz.* Bern, Stuttgart, Wien: Haupt.

Rüegg-Stürm, J., & Grand, S. (2017). *Das St. Galler Management-Modell. Die 4. Generation.* 3. Auflage, Bern, Stuttgart, Wien: Haupt.

Rürup, M., Röbken, H., Emmerich, M., & Dunkake, I. (2015). *Netzwerke im Bildungswesen. Eine Einführung in ihre Analyse und Gestaltung.* Wiesbaden: Springer VS.

Scheidegger, N. (2010). Strukturelle Löcher. In C. Stegbauer & R. Häußling (Hrsg.), *Handbuch Netzwerkforschung* (S. 145–155). Wiesbaden: VS Verlag für Sozialwissenschaften.

Schreyögg, G. (2003). *Organisation. Grundlagen moderner Organisationsgestaltung.* 4. Auflage, Wiesbaden: Gabler.

Schreyögg, G., & Sydow, J. (Hrsg.) (1999). *Managementforschung. Band 9: Führung neu gesehen*. Berlin, New York: de Gruyter.
Schubert, H. (Hrsg.) (2008). *Netzwerkmanagement: Koordination von professionellen Vernetzungen – Grundlagen und Praxisbeispiele*. Wiesbaden: VS Verlag für Sozialwissenschaften.
Schubert, H. (2008a). Netzwerkkooperation. Organisation und Koordination von professionellen Vernetzungen. In H. Schubert (Hrsg.), *Netzwerkmanagement. Koordination von professionellen Vernetzungen. Grundlagen und Praxisbeispiele* (S. 7–105). Wiesbaden: VS Verlag für Sozialwissenschaften.
Schubert, H. (2010). Neue Arrangements der Wohlfahrtsproduktion – am Beispiel der Organisation von Netzwerken früher Förderung. In W. R. Wendt (Hrsg.), *Wohlfahrtsarrangements. Neue Wege in der Sozialwirtschaft* (S. 53–86). Baden Baden: Nomos Verlag.
Schubert, H. (2015). *Planung, Steuerung und Qualitätsentwicklung in Netzwerken Frühe Hilfen*. http://www.fruehehilfen.de/bundesinitiative-fruehe-hilfen/transfer/impulse-zur-netzwerkarbeit-fruehe-hilfen/prof-dr-dr-herbert-schubert/ (Zugegriffen: 25. 03. 2017).
Schubert, H. (2017). Identifizierung und Gestaltung von Netzwerken in der Kommune. In W. Lindner & W. Pletzer (Hrsg.), *Kommunale Jugendpolitik* (S. 285–297). Weinheim: Beltz Juventa.
Schubert, H. (2018). *Netzwerkorientierung in Kommune und Sozialwirtschaft. Eine Einführung*. Wiesbaden: Springer VS.
Schubert, H., Bremstahler, S., Papenfuß, K., & Spieckermann, H. (2016). *Wege finden – Seniorenorientierte Navigation. Entwicklung und Implementierung eines „Lotsensystems" für ältere Menschen in Mülheim an der Ruhr*. Band 3: Kölner Schriftenreihe für Management und Organisation in der Sozialen Arbeit. https://cos.bibl.th-koeln.de/frontdoor/index/index/docId/354 (Zugegriffen: 15. 03. 2017).
Schubert, H., Leitner, S., Veil, K., & Vukoman, M. (2014). *Öffnung des Wohnquartiers für das Alter. Entwicklung einer kommunikativen Informationsinfrastruktur zur Überbrückung struktureller Löcher im Sozialraum*. Köln: Verlag Sozial • Raum • Management.
Schubert, H., & Veil, K. (2014). Der „Sozialraumgenerator" als Ableitung aus der egozentrierten Netzwerkanalyse. sozialraum.de, 6. http://www.sozialraum.de/der-sozialraumgenerator-als-ableitung-aus-der-egozentrierten-netzwerkanalyse.php (Zugegriffen: 25. 03. 2017).
Schulz-Schaeffer, I. (2011). Akteur-Netzwerk-Theorie. Zur Koevolution von Gesellschaft, Natur und Technik. In J. Weyer (Hrsg.), *Soziale Netzwerke. Konzepte und Methoden der sozialwissenschaftlichen Netzwerkforschung* (S. 187–209). München: Oldenbourg.
Schwarz, P., Purtschert, R., Giroud, C., & Schauer, R. (2002). *Das Freiburger Management-Modell für Nonprofit-Organisationen*. 4. Auflage. Bern, Stuttgart, Wien: Verlag Haupt.
Stegbauer, C. (2016). *Grundlagen der Netzwerkforschung. Situation, Mikronetzwerke und Kultur*. Wiesbaden: Springer VS.

Stegbauer, C. (2010). Positionen und positionale Systeme. In C. Stegbauer & R. Häußling (Hrsg.), *Handbuch Netzwerkforschung* (S. 135–144). Wiesbaden: VS Verlag für Sozialwissenschaften.

Stegbauer, C. (Hrsg.) (2010a). *Netzwerkanalyse und Netzwerktheorie. Ein neues Paradigma in den Sozialwissenschaften.* 2. Auflage, Wiesbaden: VS Verlag für Sozialwissenschaften.

Sydow, J. (2001). *Strategische Netzwerke. Evolution und Organisation.* 5. Auflage, Wiesbaden: Gabler.

Sydow, J., & Windeler, A. (Hrsg.) (2000). *Steuerung von Netzwerken. Konzepte und Praktiken.* Wiesbaden: Westdeutscher Verlag.

Teller, M., & Longmuß, J. (2007). *Netzwerkmoderation. Netzwerke zum Erfolg führen.* München: Ziel Verlag.

Theuvsen, L. (2001). *Stakeholder-Management – Möglichkeiten des Umgangs mit Anspruchsgruppen.* Münsteraner Diskussionspapiere zum Nonprofit-Sektor 16. http://www.ssoar.info/ssoar/handle/document/36221 (Zugegriffen: 18.03.2017).

Tiemeyer, E. (2002). *Stakeholderanalyse und Stakeholdermanagement in Bildungsnetzwerken. ANUBA/Aufbau und Nutzung von Bildungsnetzwerken zur Entwicklung und Erprobung von Ausbildungsmodulen in IT- und Medienberufen.* Landesinstitut für Schule, Soest. http://www.anuba-online.de/extdoc/Materialien_der_BNW_Fortbildung/BNW_initiieren/BNW_init_1_1_4.pdf (Zugegriffen: 18.03.2017).

Vahs, D. (2015). *Organisation.* 9. Auflage, Stuttgart: Schäffer-Poeschel.

Wald, A. (2010). Netzwerkansätze in der Managementforschung. In C. Stegbauer & R. Häußling (Hrsg.), *Handbuch Netzwerkforschung* (S. 627–634). Wiesbaden: VS Verlag für Sozialwissenschaften.

Weber, M. (1972). *Wirtschaft und Gesellschaft.* 5. Auflage, Tübingen: Mohr.

Weyer, J. (Hrsg.) (2011). *Soziale Netzwerke. Konzepte und Methoden der sozialwissenschaftlichen Netzwerkforschung.* 2. Auflage, München: Oldenbourg.

Willke, H. (1978). Zum Problem der Integration komplexer Sozialsysteme. Ein theoretisches Konzept. *Kölner Zeitschrift für Soziologie und Sozialpsychologie* 30: 228–252.

Windeler, A. (2001). *Unternehmungsnetzwerke. Konstitution und Strukturation.* Wiesbaden: Westdeutscher Verlag.

Windeler, A. (1998). *Zum Begriff des Unternehmungsnetzwerks. Eine strukturationstheoretische Notiz.* http://www.wiwiss.fu-berlin.de/fachbereich/bwl/management/sydow/media/pdf/Windeler__1998__-_Zum_Begriff_des_Unternehmungsnetzwerks.pdf (Zugegriffen: 09.01.2017).

Glossar

Adressat/in Person bzw. Personenkreis, an den sich eine Dienstleistung in der Sozialwirtschaft richtet – Empfänger/in einer Dienstleistung

Adressatennutzen Das ist der Nutzen, den beispielsweise Familien und Kinder als Adressaten von Hilfen, Beratungen und Dienstleistungen in ihrem Alltagsleben vor Ort haben.

Cluster Dichtere Bereiche im Netzwerk, in denen mehr und häufiger Kommunikation stattfindet als dazwischen. Dies ist das Resultat von sich wiederholenden Interaktionsgelegenheiten – beispielsweise am Arbeitsplatz oder in der Nachbarschaft.

Dienstleistungsnetzwerk In Dienstleistungsnetzwerken werden bestehende Angebote strukturell miteinander zu neuen Qualitäten verknüpft. Die Verknüpfung von Dienstleistungen orientiert sich am Gesamtnutzen für die Adressatinnen und Adressaten. Neben der Bezeichnung des Dienstleistungsnetzwerks und des Kooperationsnetzwerks ist auch der Terminus Wertschöpfungsnetzwerk verbreitet. Wenn beispielsweise im Bildungswesen mehrere Einrichtungen und Organisationen netzwerkförmig zusammenarbeiten, um Benachteiligungen auszugleichen, wird der Adressatennutzen von benachteiligten Kinder durch diese Kooperation erhöht – es wird eine höhere Wertschöpfung im pädagogischen Sinn erzielt.

Effizienz Wirtschaftlichkeit – dargestellt als Kosten-Nutzen-Relation oder als rationeller Umgang mit knappen Ressourcen.

Effektivität Wirksamkeit – dargestellt am Verhältnis vom erreichten Ziel zum definierten Ziel. Effektivitätsmaße zeigen an, wie nahe ein erzieltes Ergebnis dem angestrebten Ergebnis gekommen ist.

Emergenz Mit Emergenz wird die Herausbildung von neuen Eigenschaften oder Strukturen eines Systems infolge des Zusammenspiels seiner Elemente bezeichnet.

Funktionssystem In der Systemtheorie bedeutet funktionale Differenzierung, dass sich einzelne Teilsysteme herausbilden, die eine Funktion für das Gesamtsystem erfüllen. Solche Funktionssysteme sind zum Beispiel Politik, Recht, Wirtschaft, Wissenschaft, Soziales, Erziehung, Gesundheitswesen, Religion und Familie. Sie leisten wesentliche Beiträge für das Gesellschaftssystem als Ganzes, beschränken sich aber auf Grund ihrer relativen Autonomie auf interne Kommunikationsabläufe.

Governance Governance bezeichnet eine Lenkungs- und Steuerungsform, bei der die Bedeutung hierarchischer Strukturen abnimmt und dezentrale Verantwortungsstrukturen an Bedeutung gewinnen, bei der staatliche, private und gesellschaftliche Akteure Sektoren, Ressorts und Organisationen übergreifend kooperieren, bei der die Steuerung im Prozess der Interaktion zwischen den Akteuren erfolgt und bei der eine kontinuierliche Verständigung über gemeinsame Problemdefinitionen und Handlungsziele stattfindet. Dazu werden lokale Arenen der Partizipation entwickelt, in denen der dialogische Austausch der öffentlichen und privaten Akteure gefördert wird.

Informationsnetzwerk Die zentrale Funktion von Informationsnetzwerken besteht im Austausch untereinander. Die zugrundeliegende Anlage der Vernetzung erfordert dafür symmetrische und nicht-hierarchische Beziehungen zwischen den beteiligten Akteuren, damit sie sich „auf Augenhöhe" begegnen und zu den selbst gewählten Themen austauschen können.

Interdependenz Wechselseitige Abhängigkeit zwischen Personen oder Organisationen

Interessenallianz Wenn Akteure der Sozialwirtschaft ihre Kompetenzen bündeln, um strategische Vorteile zu erzielen, handelt es sich um eine strategische Partnerschaft, die längerfristige und vertrauensbasierte Beziehungen zwischen den beteiligten Organisationen voraussetzt. Die Organisationen in unterschiedlicher Trägerschaft kooperieren auf einer übergeordneten Strukturebene miteinander mit dem Ziel, eigene Schwächen durch die Potenziale der Partner zu kompensieren und die Wettbewerbsposition zu sichern und langfristig zu verbessern.

Kooperation Das zweckgerichtete Zusammenwirken von Handlungen zweier oder mehrerer Personen oder Organisationen zur Erreichung eines gemeinsamen Zieles: Neben der internen (innerbetrieblichen) Kooperation durch Arbeitsteilung ist die externe (zwischenbetriebliche) Zusammenarbeit zu nennen. Die Zusammenarbeit beruht dabei entweder auf implizit-stillschweigenden (informellen) oder explizit-vertraglichen (formellen) Vereinbarungen zwischen den Akteuren.

Lebenswelt Der Begriff bezeichnet die Welt, die jeder Mensch individuell erlebt. Die lebensweltlichen Beziehungen reichen von Familie und Verwandtschaft über Nachbarschaft, Kollegialität und Bekanntschaft bis hin zur Freundschaft und repräsentieren in der Negativversion Konflikte. Ihre Verknüpfung erfolgt in den Situationen bzw. an den Orten der Lebenswelten – vom Zuhause über Bildungseinrichtungen und Arbeitsplätze bis hin zu Konsumgelegenheiten und Treffpunkten in der Freizeit.

Makro-/Meso-/Mikro-Ebene Auf der Mikroebene stehen konkrete Individuen im Kontext der Einbettung in Gruppen (Familie, Arbeitsplatz etc.) im Fokus der Betrachtung. Auf der Mesoebene stehen Organisationen und Institutionen im Blickpunkt, die als kollektive Akteure handeln. Auf der Makroebene weitet sich der Blick auf (interorganisationale) Beziehungen zwischen Kollektivakteuren, die von Organisationen über Gemeinden bis hin zu zwischenstaatlichen Geflechten reichen können.

Netzwerk Strukturen, die sich mathematisch als Graph modellieren lassen, werden als Netzwerk bezeichnet. Der Graph besteht aus einer Menge von Elementen (Knoten), die über Verbindungen (Kanten) miteinander verknüpft sind. Die Knoten eines Netzwerks repräsentieren individuelle Akteure (soziale Einheiten wie Personen) oder Kollektivakteure (soziale Einheiten wie Organisationen).

Netzwerke, lebensweltliche Diese Netzwerke basieren auf natürlich geknüpften Alltagsbeziehungen. Sie bestehen vor allem aus Beziehungen der Freundschaft, des interpersonalen Respekts, aber auch des jeweiligen Gegenteils, aus Tauschbeziehungen in der alltäglichen Daseinsvorsorge, aus Kommunikation und Informationsaustausch sowie in der Begegnung formaler Rollenbeziehungen in den lebensweltlichen Interaktionen und aus Verwandtschaftsbeziehungen.

Netzwerke, organisierte Hierbei handelt es sich um gezielt gestaltete (proto-) professionelle Kooperationsgeflechte, in denen fachlich begründete Transaktionen von materiellen Ressourcen und nicht-materiellen Ressourcen wie Informationen, Ratschlägen, Anweisungen und Neuigkeiten nach einem konzeptionellen Plan stattfinden.

Netzwerkanalyse, soziale Methode der empirischen Sozialforschung, um ein soziales Beziehungsgeflecht tiefenscharf abzubilden und zu analysieren. Nach dem relationalen Forschungsparadigma stehen die Verbindungen und Interdependenzen zwischen den Einheiten (Personen oder Organisationen) und nicht deren Attribute und Eigenschaften im Vordergrund.

Netzwerkkooperation Multilaterale Zusammenarbeit auf der Grundlage eines gemeinsam vereinbarten Zieles: Die beteiligten Akteure bleiben dabei rechtlich und wirtschaftlich selbständige Einheiten mit einer Mindestautonomie, deren Leistungsbeiträge dezentral verantwortet werden. Der gegenseitige Nutzen besteht in der Bündelung von Ressourcen und der Verknüpfung von Kapazitäten, so dass das Leistungsspektrum erweitert wird. Es können Ergebnisse realisiert werden, zu denen der einzelne Akteur allein nicht in der Lage wäre.

Netzwerkmanagement, Modell Das Modell baut auf drei Säulen auf: (1.) kontinuierliche Organisation eines Informationssystems, (2.) die Sicherung der Prozessabläufe des Aufbaus und des Zusammenwirkens – u. a. durch eine Koordination – sowie (3.) die Flankierung der Zusammenarbeit mit einer nachhaltigen Qualitätsentwicklung.

Netzwerkpfad Die Sequenzen der Verbindungen zwischen den verschiedenen Beteiligten im Netzwerk. Die Länge eines Pfades ist die Anzahl der direkten Verbindungen zwischen zwei nicht direkt verbundenen Akteuren. Während es in der Gruppe nur die Pfadlänge 1 gibt, weil jede Person mit jeder anderen direkt verbunden ist, weist ein Netzwerk eine lockerere Struktur mit teilweise großen Pfaddistanzen auf.

Network Design Thinking Die Methode basiert auf dem „Design Thinking" und beschreibt eine systematische Herangehensweise zur Entwicklung neuer Ideen, damit komplexe, schwer zu fassende Probleme gelöst werden können, in deren Fokus die Nutzer stehen. Das Konzept beruht auf der Annahme, dass erfolgreiche Problemlösungen und Innovationen entstehen, wenn in multidisziplinären Teams zusammengearbeitet wird, in räumlicher Interaktion eine gemeinsame interdisziplinäre Denk- und Arbeitskultur entwickelt wird und an den Schnittstellen der verschiedenen Perspektiven transdisziplinär Innovationen erzeugt werden. Der iterative Prozess umfasst sechs Schritte: Verstehen, Beobachten, Sichtweisen definieren, Ideen finden, Protctypen entwickeln und Testen. Mit der Methode können organisierte Netzwerke als soziale Innovation designt werden, deren Netzfigur sich an Nutzerinteressen und Nutzerbedürfnissen orientiert.

Non-Profit-Sektor Zu diesem Bereich gehören Vereine, Verbände, Stiftungen und Interessengemeinschaften, die gemeinnützig ausgerichtet sind. Diese Organisationen können weder dem staatlichen noch dem erwerbswirtschaftlichen Sektor zugeordnet werden. In der Regel sind sie formal und dauerhaft organisiert, rechtlich selbständig und von staatlicher Verwaltung unabhängig.

Normative Ebene Das normative Management setzt Normen und Werte der Organisation fest und definiert die entsprechende Unternehmenskultur und -politik. In der Gemeinde übernehmen kommunalpolitische Gremien die Aufgabe, die generellen Zielrichtungen programmatisch festzulegen und in einem Orientierungsrahmen abzusichern.

Öffentliche Verwaltung (Public Administration) Im Vordergrund steht die technische Ausgestaltung von Verwaltungsaktivitäten, die auf rechtlichen Grundlagen und auf fachlichem Personal beruhen, das in formalen Hierarchien organisiert ist. In Deutschland spielen neben der Bundes- und Landesverwaltung Sonderformen der Verwaltung durch Körperschaften, Stiftungen und Anstalten eine Rolle, aber den größten Umfang macht die kommunale Selbstverwaltung aus, die auf die administrative Durchsetzung von Regeln und Richtlinien fokussiert ist.

Operative Ebene Das operative Management setzt die normativen und strategischen Managementvorgaben um und sichert deren Durchführung im Rahmen der Arbeitsstrukturen und Arbeitsprozesse, um die Qualität der Ergebnisse zu sichern. In der Kommune und in den Einrichtungen der Daseinsvorsorge in den Sozialräumen werden die normativ vorgegebenen und strategisch unterstützten Ziele an den Schnittstellen zu den Adressatinnen und Adressaten dezentral realisiert.

Prozess Die operativen Aktivitäten in der Sozialwirtschaft repräsentieren im Allgemeinen die Primärprozesse und ihre strategische Vor- und Nachbereitung wird als Sekundärprozess verstanden. Die primären Aktivitäten beinhalten die Herstellung der Dienstleistungen, ihre Distribution unter den Adressaten und den begleitenden Service. Die sekundären Aktivitäten – wie z.B. die Abstimmung der Angebote unter den Einrichtungen – sichern, dass die primären Aktivitäten genau zusammenpassen und zum erwünschten Gesamtergebnis führen. Im Sekundärprozess werden die Inputs für die Aktivitäten des Primärprozesses vorbereitet und bereitgestellt; dies beinhaltet die vorbereitende Beschaffung von Materialien und Know-how, die Bereitstellung von humanen und materiellen Ressourcen.

Public Management Interdisziplinärer Ansatz für die zielorientierte Steuerung und Gestaltung von öffentlichen Institutionen der staatlichen Verwaltung, bei dem betriebswirtschaftliche Instrumente und Techniken des Managements aus dem privatwirtschaftlichen Sektor sowohl in das kommunale als auch in das sozialwirtschaftliche Handeln übertragen werden. Im Gegensatz zur Public Administration stehen nicht die technische Ausgestaltung der Verwaltungsaktivitäten im Vordergrund, sondern die strategischen Leitungsfunktionen der Verwaltungsführung. Im Rahmen einer Outputsteuerung werden Dienstleistungen von der Kostenseite her gesteuert. Die Zuwendung öffentlicher Mittel ist in ein marktförmiges Wettbewerbsmodell eingebettet und wird kennwertbezogen kontraktiert. Fokussierung auf Effizienz und Effektivität, um das Erbringen sozialer Dienstleistungen in wirtschaftlicher Hinsicht zu optimieren.

Schnittstellenmanagement Der Kern organisierter Netzwerke ist das Zusammenwirken der Akteure an den bilateralen Schnittstellen. Abzustimmen ist die Logistik der Adressatenführung durch den Prozess, die Festlegung der Qualitäten an der Schnittstelle zwischen den beiden Akteuren, eine angemessene Informierung und Partizipation der Adressatinnen und Adressaten sowie der gegenseitige Informationsfluss zwischen den professionellen Akteuren und eine Balance von organisationaler und persönlicher Beziehungspflege sowie von fachlicher und persönlicher Interaktion.

Sozialkapital Darunter wird eine Ressource – wie Information, Einfluss und soziale Empfehlung – verstanden, die den Akteuren im Netzwerk als interpersonelle oder interorganisatorische Gutschrift zur Verfügung steht. Im Unterschied zu physischem Kapital und zu Humankapital ist Sozialkapital nicht an den einzelnen Akteur gebunden, sondern resultiert aus den Beziehungen zwischen den Akteuren. Der Umfang des Sozialkapitals, auf das ein einzelner Mensch Bezug nehmen kann, hängt von der Ausdehnung der Beziehungen ab, die mobilisiert werden können.

Sozialwirtschaft Sozialwirtschaftliche Akteure sind die öffentlich-rechtlichen Sozialleistungsträger, gemeinnützige Wohlfahrtsorganisation, privat-gewerbliche Anbieter von Sozial- und Betreuungsdienstleistungen, Vereinigungen von Menschen zu gemeinschaftlicher Selbsthilfe, freiwillig und in bürgerschaftlichem Engagement Mitwirkende und im Zusammenhang einer Versorgung unmittelbar Betroffene, die in eigener und gegenseitiger Sorge mitwirken. Die individuelle Wohlfahrt wird vor allem in der privaten Sorge im häuslichen Bereich hergestellt. Die Sozialwirtschaft schließt an den informellen Leistungsbereich der Privathaushalte an, wenn ein Bedarf festgestellt wird, der in der informellen Sorge des Personenhaushalts nicht gedeckt werden kann.

Stakeholder Anspruchsgruppen, denen alle Personen, Gruppen oder Institutionen zugerechnet werden, die von den Aktivitäten einer Organisation oder der Gemeinde direkt oder indirekt betroffen sind oder die irgendein Interesse an diesen Aktivitäten haben. Die Stakeholder in der Sozialwirtschaft sind: die Adressatinnen und Adressaten als Abnehmer von Dienstleistungen, organisationsinterne Stakeholder wie Leitung, Mitarbeitende und Ehrenamtliche, organisationsexterne Stakeholder aus der (zivil-)gesellschaftlichen Umwelt sowie aus der politischen Umwelt und die Ressourcengeber von monetären Zuwendungen, Zulieferungen und spezifischen Kompetenzen.

Stakeholderanalyse Analyse, welche Stakeholder für die geplante Vernetzung bedeutsam sind, mit den Schritten: Identifikation der Stakeholdergruppen, Identifizierung der Schlüsselpersonen, Herausarbeitung ihrer Ansprüche und Interessen, Bewertung des Einflusses auf die Vernetzung, (unterstützende oder ablehnendbedrohende Haltung), mögliche thematische Kopplungspunkte und Ableitung von Strategien und Maßnahmen zur Aktivierung der Stakeholder.

Steuerung von Netzwerken Mit der Steuerung wird das Ziel verfolgt, die Austauschbeziehungen zwischen den Partnern auf den verschiedenen Ebenen und aus den verschiedenen fachlichen Bereichen zu gestalten. Durch einen strukturierten Austausch entstehen eine gemeinsame Strategie und eine effektive Koordinationspraktik. In der sozialwirtschaftlichen Netzwerkpraxis werden danach meistens drei Steuerungsformen gemischt: Oft gibt es einen Steuerungsmix aus Marktmechanismus, hierarchischer Koordination und heterarchische Selbstorganisation. Bei der Steuerung über den Marktmechanismus wird das Zusammenwirken von Beteiligten im Rahmen eines Austausches marktgängiger Leistungen strukturiert. Das ist der Fall, wenn die Beteiligten ihr Zusammenwirken untereinander nach Marktpreisen verrechnen. Bei der Selbstorganisation handeln die beteiligten Akteure ihr Verhalten untereinander aus, so dass jeder einen Beitrag zur Selbstkoordination leistet. Diese Steuerungsform wird als heterarchisch bezeichnet, weil mehrere Akteure auf derselben Handlungsebene gleichberechtigt Beiträge zur Steuerung leisten. Wenn die Kommune als öffentlicher Träger die Gesamtverantwortung für das Netzwerk trägt, erfolgt die Steuerung des Netzwerkes aus dieser Perspektive nach dem vertikalen Gegenstromprinzip. Der Begriff des Gegenstroms unterstreicht, dass die Kommunikation kreislaufförmig sowohl von oben nach unten (top-down) als auch wieder zurück (bottom-up) über die Ebenen der Kommunalpolitik (Ratsausschüsse), Kommunalverwaltung (Fachbereiche) und Träger (operative Dienstleistungen in Einrichtungen und im Sozialraum) verläuft. Die Ziele und Ressourcen des organisierten Netzwerks werden über die – bereits genannten – Verantwortungsebenen in einer Rückkopplungsschleife verhandelt. Diese hierarchische Koordination bewirkt eine Gleichrichtung der Strategien aller beteiligten Gremien, Institutionen und Organisationen.

Strategische Ebene Das strategische Management leitet aus der normativen Dimension der Managementaufgaben die Gesamtstrukturen der Organisation ab und legt Managementkonzepte für die Steuerung fest. Es entwickelt Strategien, um das normative Management in die Arbeitspraxis umsetzen zu können und definiert, wie sich die Führungskräfte in diesem Prozess zu verhalten haben. In den Fachbereichen der öffentlichen Kommunalverwaltung stellen die Führungskräfte die für die Umsetzung der normativ vorgegebenen Ziele Ressourcen und Rahmenbedingungen bereit.

Strukturelles Loch Zwischen Clustern mit einer dichteren Beziehungsstruktur entstehen Zonen mit wenigen oder keinen Verbindungen. Weil der Raum relativ leer und unverbunden ist, also vermittelnde Akteure (Broker) fehlen, werden diese Bereiche im Netzwerk als strukturelle Löcher oder Lücken bezeichnet.

System, soziales Das Konzept impliziert eine Grenzziehung zwischen System und Umwelt. Wenn organisierte Netzwerke eine Außengrenze definieren sowie herausbilden und in der kontinuierlichen Interaktion eine eigene Identität entwickeln, nehmen sie die Gestalt einer sozialen Einheit an, die einen Systemzusammenhang repräsentiert. Voraussetzungen sind eine Abgeschlossenheit und Ausdifferenzierung gegenüber der sozialen Umwelt und die Möglichkeit, von anderen als soziale Einheit beobachtet zu werden.

Überbrückungsnetzwerk Zwischen Clustern mit sich wiederholenden Interaktionsgelegenheiten und häufiger Kommunikation entstehen kaum verbundene Zonen im Netzwerk, die als strukturelle Löcher bezeichnet werden. Es werden vermittelnde Beziehungen benötigt, um den unverbundenen und „leeren Raum" zwischen den Netzwerkbereichen zu überbrücken. Die strukturelle Einbettung unverbundener Beziehungscluster über benachbarte oder neu „implantierte" Knoten eröffnet die Möglichkeit, zwischen den Akteuren zu vermitteln. Dies ist das Grundprinzip eines Überbrückungsnetzwerks.

Vermittlung Durch Vermittlung wird Unverbundenes über strukturelle Löcher hinweg miteinander verbunden. Personen, die an der Schnittstelle zwischen zwei Clustern bzw. Beziehungskreisen stehen, haben eine Brückenfunktion und können als Vermittler (broker) das strukturelle Loch überbrücken.

Zum Autor

© Herbert Schubert

Herbert Schubert
Diplom-Sozialwissenschaftler, 1986 promoviert zum Dr. phil. (in Soziologie), hat sich 1998 habilitiert zum Dr. rer. hort. habil. (in Regionalplanung, Raumforschung)
1992–1994 Leitung der Koordinationsstelle Sozialplanung der Landeshauptstadt Hannover
1995–1998 Leitung des Forschungsbereiches „Wohnung, Siedlung, Umwelt" im Institut für Entwicklungsplanung und Strukturforschung an der Leibniz Universität Hannover

1999–2017 Professor an der Technischen Hochschule Köln, Fakultät für Angewandte Sozialwissenschaften
2003–2016 Gründungsdirektor des Instituts für Management und Organisation in der Sozialen Arbeit an der Fakultät für Angewandte Sozialwissenschaften der Technischen Hochschule Köln
2002–2018 Leitung eines Forschungsschwerpunkts der TH Köln
zurzeit Inhaber von „Sozial • Raum • Management – Büro für Forschung und Beratung" in Hannover
zurzeit Lehre als Apl. Prof. an der Fakultät für Architektur und Landschaft der Leibniz Universität Hannover (Architektursoziologie)
zurzeit Fortbildungen für Führungskräfte und Fachkräfte der Kommunalverwaltung und der Sozialwirtschaft zum Themenbereich „Netzwerkkoordination"

The manufacturer's authorised representative in the EU is Springer Nature Customer Service Centre GmbH, Europaplatz 3, 69115 Heidelberg, Germany. If you have any concerns regarding our products, please contact ProductSafety@springernature.com

Printed and bound by CPI Group (UK) Ltd, Croydon, CR0 4YY
23/03/2026
02076396-0014